感谢郑原老师对本书编写工作的大力支持

体育教师足球技能培养研究

吴小能 著

华中科技大学出版社
中国·武汉

图书在版编目(CIP)数据

体育教师足球技能培养研究/吴小能著. —武汉:华中科技大学出版社,2023.6
ISBN 978-7-5680-9670-6

Ⅰ.①体… Ⅱ.①吴… Ⅲ.①足球运动-教学研究-中小学 Ⅳ.①G633.962

中国国家版本馆 CIP 数据核字(2023)第 122100 号

体育教师足球技能培养研究
Tiyu Jiaoshi Zuqiu Jineng Peiyang Yanjiu

吴小能 著

策划编辑:汪 粲	
责任编辑:余 涛 汪 粲	
封面设计:廖亚萍	
责任监印:周治超	
出版发行:华中科技大学出版社(中国·武汉)	电话:(027)81321913
武汉市东湖新技术开发区华工科技园	邮编:430223

录　排:华中科技大学惠友文印中心
印　刷:武汉科源印刷设计有限公司
开　本:710mm×1000mm　1/16
印　张:12
字　数:235 千字
版　次:2023 年 6 月第 1 版第 1 次印刷
定　价:68.00 元

本书若有印装质量问题,请向出版社营销中心调换
全国免费服务热线:400-6679-118　竭诚为您服务
版权所有　侵权必究

目　　录

第一章　校园足球运动概述　1
　第一节　开展校园足球运动的目的、价值和意义　1
　第二节　我国校园足球工作的推进与发展　2
　第三节　新课标足球内容介绍　4
　第四节　足球教学指南介绍　6

第二章　校园足球技战术概述　10
　第一节　足球比赛原理与战术原则　10
　第二节　足球基本技术　17
　第三节　足球基本战术　35

第三章　校园足球基本教法理论　52
　第一节　水平一基本教法理论　52
　第二节　水平二基本教法理论　56
　第三节　水平三基本教法理论　59
　第四节　水平四基本教法理论　61
　第五节　水平五基本教法理论　65
　第六节　普适基本教法理论　68

第四章　足球比赛规则与裁判法　73
　第一节　十一人制足球比赛　73
　第二节　足球比赛的判罚　76
　第三节　五人制足球比赛　81

第五章　足球运动损伤　89

第六章　足球基本技术、战术教学　99
　第一节　足球课类型　99

第二节　足球技术教学　112
第三节　战术教学课教案示例　133

第七章　课外业余训练　141
第一节　代表队组建原则及策略　141
第二节　训练计划制定　147
第三节　训练课的类型及实施　162

第八章　校园足球活动开展　169
第一节　足球运动竞赛的组织工作　169
第二节　足球竞赛的制度与编排　170
第三节　学生裁判的培养　171
第四节　校园足球文化活动的开展　176

第九章　学生体质健康促进　181
第一节　中小学生常见疾病及其预防　181
第二节　促进学生体质健康的方法　182
第三节　足球运动损伤的康复　186

第一章 校园足球运动概述

第一节 开展校园足球运动的目的、价值和意义

一、开展校园足球运动的背景

第一,近年来我国青少年体质发展形势严峻,我国出台了多项关于加强青少年体育运动、增强青少年体质的政策文件,目的是倡导青少年强健体魄,学习体育技能,养成良好的体育锻炼习惯。2009年,国家体育总局与教育部联合发布《关于开展全国青少年校园足球活动的通知》,力求通过开展校园足球活动改变青少年体质水平下滑的颓势。

第二,足球运动在我国深受广大人民群众的喜爱,具有很高的社会关注度,但我国整体足球水平不高,与足球强国差距较大,实际水平与社会期望水平之间存在较大差距。青少年足球是中国足球的未来。自中国共产党第十八次全国代表大会召开以来,以习近平同志为核心的党中央把振兴足球作为发展体育运动、建设体育强国、振奋民族精神、重塑国民意志的一项重要战略任务,体现了党和国家坚定的决心。

二、开展校园足球运动的目的

校园是青少年群体最集中、组织程度最高的地方,积极推进校园足球工作能在最短时间内实现足球人口"几何级数增长",有效扩大足球人口基数,开辟高水平足球竞技人才成长新通道。开展校园足球运动,不仅可以提高青少年体质水平,也是培养青少年爱国主义、集体主义和顽强拼搏精神的重要载体和途径。

开展校园足球运动的根本宗旨是立德树人。

三、开展校园足球运动的价值

第一,发展校园足球是成就中国足球梦想、提升国家软实力的基础工程。

第二,发展校园足球是促进青少年全面发展,培养践行社会主义核心价值观的重要途径。

第三,发展校园足球也是深化学校体育改革,推动健康中国建设的有效抓手。

四、开展校园足球运动的意义

发展青少年校园足球是党中央、国务院作出的战略部署,是落实立德树人根本任务的育人工程,是提高中国足球普及程度和竞技水平的基础工程,是全面推进学校体育综合改革、推进体教融合深度发展的探路工程。

加快发展青少年校园足球是贯彻党的教育方针,促进青少年身心健康发展的重要举措,是夯实足球人才根基、提高足球发展水平和成就中国足球梦想的基础工程,对弘扬社会主义核心价值观,培养学生爱国主义、集体主义精神和奋发向上、顽强拼搏的意志品质,实现学校体育"享受乐趣、增强体质、健全人格、锤炼意志"目标具有重要意义。

第二节 我国校园足球工作的推进与发展

一、我国校园足球运动的提出

自 2008 年北京奥运会后,国家高度重视足球运动,尤其是青少年足球后备人才的培养,并提出筑牢足球运动的社会基础,提高足球运动的普及率。2009 年 6 月,国家体育总局与教育部联合发布《全国青少年校园足球活动实施方案》,大力普及校园足球,开展校园足球活动,增加青少年足球人口,提升足球运动发展水平。校园足球并不是凭空而来,是根据我国足球实际情况以及对未来足球发展的期望而逐步形成的。

二、我国校园足球运动的发展

我国校园足球运动自开展以来,就在社会上引起了广泛的关注。相关领导小组成员单位全面贯彻落实习近平总书记和党中央、国务院的战略部署。在全社会的共同努力下,校园足球运动有效开展。表 1-1 列出了我国校园足球运动发展的重要事件。

表 1-1　我国校园足球运动发展的重要事件

时　间	重要事件
2009 年 6 月	国家体育总局与教育部联合成立全国青少年校园足球活动领导小组,校园足球活动在全国全面展开
2011 年 1 月	强调加强足球人才建设,体教结合,要以校园足球为突破口
2014 年 9 月	正式明确校园足球工作由教育部门牵头,教育部门主导校园足球工作是一个重要调整
2015 年 2 月	首次从国家层面通过了《中国足球改革发展总体方案》,提出"三步走"战略
2016 年 4 月	发布《中国足球中长期发展规划(2016—2050 年)》
2016 年 6 月	教育部印发《全国青少年校园足球教学指南(试行)》
2020 年 9 月	教育部等七部门发布了关于印发《全国青少年校园足球八大体系建设行动计划》的通知
2020 年 12 月	为推动新时代全国青少年校园足球工作高质量发展,进行安排部署

其中:2014 年 9 月,教育部门主导校园足球工作是一个重要调整;2015 年 2 月,首次从国家层面通过了《中国足球改革发展总体方案》,将校园足球工作作为我国的一项发展战略;2016 年 6 月,《全国青少年校园足球教学指南(试行)》为校园足球教学提供了指导。

校园足球工作要坚持"教学是基础,竞赛是关键,体制机制是保障,育人是根本"的发展思路。

校园足球的三大工作:

(1) 教会:教会基本健康知识、基本运动技能、专项技能。

(2) 勤练:要普及体育课外作业。

(3) 常赛:人人参与足球竞赛,竞赛活动是足球文化最好的载体。

三、我国校园足球运动的推进方式

我国校园足球运动以建立校园足球特色学校、"满天星"训练营、高校高水平足球运动队、试点县(区)、改革试验区五位一体的为主要推进方式。

四、我国校园足球运动的未来发展

校园足球运动经历了十多年的发展,目前已经初步建立了全国青少年校园足球八大体系:一是校园足球推广体系,二是校园足球教学体系,三是校园足球样板体系,四是校园足球竞赛体系,五是校园足球融合体系,六是校园足球荣誉体系,七是校园足球科研体系,八是校园足球舆论宣传引导体系。其中主要任务就是精心布局,夯实校园足球推广体系。

在社会各界人士的共同努力下,校园足球运动各方面都取得了突破性进展,特别是在普及与水平提高方面。为深入贯彻党的十九届五中全会精神,全国青少年校园足球工作领导小组第六次会议于 2020 年 12 月 31 日召开。会议强调,未来要着力推动新时代全国青少年校园足球工作高质量开展。

第三节　新课标足球内容介绍

一、新课标简介

1. 课程性质和基本理念

体育与健康课程是学校课程的重要组成部分,课程遵照"健康第一"的指导思想,以学生发展为中心,激发学生的运动兴趣,培养学生体育锻炼的意识和习惯,引导学生掌握体育与健康基础知识、基本技能和方法,增强学生的体能,培养学生坚强的意志品质、合作精神和交往能力等,为学生终身参加体育锻炼奠定基础,促进学生健康、全面发展。

学校体育的目标:学校体育就是要通过体育课、体育锻炼和体育竞赛,使学生享受运动乐趣、增强体质、健全人格和锤炼意志。这就是学校体育的价值定位和目标定位。

2. 课程设计简介

体育与健康课程设置了课程目标体系以及运动参与、运动技能、身体健康、心理健康与社会适应四个方面的课程内容和实施建议,为各地区和学校制订课程实施方案及教学计划提供明确的指导,以确保学生更好地达成学习目标。

课程目标:根据学生的身心发展特征和学习阶段,在运动参与、运动技能、身体健康、心理健康与社会适应四个方面设置了层层递进的学习目标。

课程内容:根据学生的身心发展特征和学习特点,按年级划分不同水平阶段。水平一:小学一、二年级;水平二:小学三、四年级;水平三:小学五、六年级;水平四:初中阶段;水平五:高中阶段。每个水平阶段都有相应的学习目标、评价要点和批评方法示例,旨在为教学计划提供相应的参考。

实施建议:主要分为教学建议、评价建议、教材编写建议、课程资源开发与利用建议,以保障教学的有效实施,不断提高教学质量。

二、新课标足球内容

新课标以足球运动参与、足球技战术为主要目标领域,辅以身体健康、心理健康与社会适应的学习目标领域。通过学习,学生将能够掌握足球游戏和比赛所必需的知识与技能,提高一般和足球专项身体素质,加深对足球相关健康和安全知识的理解,培养参与足球运动的兴趣和以足球为主要手段进行体育锻炼的良好习惯,培养勇敢顽强的意志品质,提高人际交往能力,增强竞争意识、团队合作意识、责任感和规则意识。表1-2列出了我国校园足球从小学到高中各阶段的主要学习目标。

表1-2 各阶段的主要学习目标

阶段	运动参与	运动技能	身体健康	心理健康与社会适应
小学阶段	体验足球运动带来的快乐 培养参与足球运动的兴趣 主动参与足球教学活动	掌握足球运动的基本知识,了解足球运动的基本比赛方法和基本规则 培养球感,具备控制球的能力,掌握足球的基本技术和技能	发展柔韧性、协调性、灵敏性以及速度素质,学会避免危险动作	培养学生对足球的兴趣,感受足球运动带来的快乐 培养自尊心、自信心、勇敢顽强的精神,学会合作、互助,体验团队和个体之间的公平竞争,学会遵守规则
初中阶段	增强主动提高足球技能的意识 自觉积极地参与足球教学、训练与比赛	了解足球技战术的基本要素和足球比赛的基本规则 进一步提高控球能力,能够在运动中与对抗中完成基本足球技术和局部的战术配合	进一步发展协调性、灵敏性以及速度素质,增强有氧耐力,学会预防伤害事故,学会简单处理运动损伤	注意学生个性发展,培养专注力与责任感,学会调节情绪,正确对待胜利与失败 严格遵守规则,培养团队合作和公平竞争精神

续表

阶段	运动参与	运动技能	身体健康	心理健康与社会适应
高中阶段	继续培养主动提高足球战术的热情，积极参与校内外的足球比赛 进一步提高足球技战术能力和身体素质，培养足球健身意识	进一步发展对抗条件下的足球技术能力 发展基本战术能力 建立时空概念和位置意识，了解整体攻防要素	注重协调性、灵敏性、速度、耐力以及力量素质的提高，学会处理紧急伤害事故，抵制不良的行为方式	能够主动控制自己的行为，进一步培养规则意识，培养坚强的意志品质，关爱他人，主动承担责任，自觉遵守规则，控制自己的情绪，尊重裁判的判罚，培养良好的体育道德

第四节 足球教学指南介绍

一、足球教学指南简介

足球课程教学既是校园足球普及的核心工作，也是校园足球发展的重要途径。2016年6月，《全国青少年校园足球教学指南（试行）》（以下简称《指南》）的印发，标志着我国校园足球教学指导性文件的正式出台，这是积极贯彻落实《中国足球改革发展总体方案》等中央文件对改革推进校园足球发展要求的重要举措。

《指南》遵循现代教育规律、足球发展规律以及青少年成长发展的基本规律，呈现了中小学校园足球的学习目标、学习内容、教学方法以及教学评价等核心内容。《指南》要求通过科学系统的校园足球课程教学，促进学生身心健康发展，使其具备足球运动的基础技能，同时促进具有足球天赋和兴趣的学生成长为高质量的足球后备人才，实现"三位一体"的学校体育教学目标，推进我国学校体育教育改革。

《指南》坚持立德树人，以普及校园足球、培养学生综合素质和促进青少年健康成长为目标，是《体育与健康课程标准》在足球运动项目上的具体落实。《指南》

主要适用于全国青少年校园足球特色学校。

二、足球教学指南的目的

《指南》以强化学校体育工作,提升学生体质水平、运动机能水平和人格素养为指导思想,以推进校园足球普及、发挥足球育人功能以及促进文化学习与足球技能共同发展为目标。以目标引领内容,注重学生足球意识、观察能力、交流能力和协作能力的培养。学生在小学阶段主要了解足球的基本知识,具备参加足球比赛的基本能力;在初中阶段主要掌握足球比赛的基本要素和竞赛规则,提高控球能力,能够在对抗条件下展现足球基本技战术能力;在高中阶段主要进一步发展对抗条件下的足球技战术能力,培养特长技术和位置意识。

三、足球教学指南学习内容简介

《指南》是全国青少年校园足球工作领导小组办公室(简称全国校足办)组织国内外专家,根据足球培养规律,结合青少年身心发展特征以及校园足球教学实践,共同研制的足球教学指导性文件,为校园足球教学体系提供了保障。表1-3列出了从小学到高中各阶段学习内容分配、教学要点和教学目标。

《指南》将学习内容主要分为游戏比赛、球感、技术、战术、知识、身体素质等,如表1-4所示。

表1-3 各阶段学习内容分配、教学要点和教学目标

阶段	学习内容分配		教学要点	教学目标
	总体	具体		
小学	以球性、技术教学为主	一、二年级以球性游戏及单一基本技术动作教学为主,不安排战术教学,在各种游戏中培养学生控球意识以及基本攻防意识	1. 多以游戏形式为主,培养学生兴趣 2. 技术动作示范准确、规范,使学生从开始接触足球时就形成高水平的技术动作表象	1. 参与足球游戏和比赛,培养球感 2. 学习运球、踢球、接球等基本技术动作,培养球感 3. 体验足球活动的乐趣

续表

阶段	学习内容分配		教学要点	教学目标
	总体	具体		
小学	以球性、技术教学为主	三、四年级以特定情境下两个技术衔接组合教学为主,安排一定战术教学课时,注重培养个人控运球意识以及小组、区域攻防意识	1. 游戏法与比赛法相结合 2. 注重学生技术运用的合理性 3. 注重学生基础战术意识的培养	1. 乐于学习和展示简单的足球动作 2. 发展运球、踢球、接球等基本组合技术能力以及基础战术意识 3. 培养合作意识和规则意识
		五、六年级以随机情境下多个技术衔接组合教学为主,注重技能培养,增加战术教学课时比例,注重培养整体攻防意识	1. 注重学生左右脚的协调发展 2. 注重学生攻防意识的培养 3. 注重小场地比赛的运用	1. 主动参与足球学习 2. 进一步提高学生在比赛中技战术的运用能力 3. 强化规则意识,学会调节情绪
初中	技术教学与战术教学并重	技战术教学并重	1. 注重培养学生在活动中的技术能力 2. 注重培养学生的战术协作能力	1. 积极参与足球活动 2. 强化在对抗中技术组合和战术配合的灵活运用能力 3. 培养顽强拼搏的精神,树立自尊和自信
高中	突出竞赛情境下技战术的综合运用,按教学的总体思路进行设置	技战术的综合运用,突出战术教学内容比例	1. 注重培养学生的位置技术与技能 2. 注重培养学生的团队合作意识 3. 注重培养学生对抗中技战术的综合运用能力	1. 通过足球养成良好的体育锻炼习惯 2. 强化学生对抗中技战术的综合运用能力 3. 在足球活动中表现出良好的进取和合作精神

表 1-4 《指南》对学习内容的分类

类　别	学　习　内　容
游戏比赛	足球游戏、小场地比赛或全场比赛等
球感	踩球、拉球、拨球、扣球、跨球、挑球、颠球和活动中的球感等
技术	传接球、运控球、头顶球、抢截球以及守门员技术等核心学习内容
战术	个人攻防战术、局部攻防战术、全队攻防战术以及定位球攻防技术四大类
知识	足球发展简介、竞赛规则、裁判知识、技战术知识以及比赛观摩与分析等
身体素质	小学阶段：柔韧性、协调性、反应能力、平衡能力、速度素质 初中阶段：速度素质、耐力素质 高中阶段：力量素质、耐力素质

第二章　校园足球技战术概述

第一节　足球比赛原理与战术原则

一、足球比赛原理

足球比赛原理即足球是什么。足球比赛中,获胜的前提是我们清楚足球比赛的原理和规律。足球比赛原理包括足球比赛进攻原理和足球比赛防守原理。在遵守规则的条件下,通过合理、有效的组织与配合创造更多机会射门得分并战胜对手获得比赛胜利的原理,即为进攻原理。反之,在遵守规则的条件下,采取一系列方法和手段破坏、阻止对方进攻并重新夺取球权再次进攻的原理,即为防守原理。

1. 足球比赛进攻原理

首先,我们逆向地分析足球比赛的发展过程。为了获取比赛的胜利,关键是取得更多的进球;想取得更多进球,就应该创造更多接近于球门的射门。逐步、有层次地向前推进的打法即为足球战术中的阵地进攻打法。其中,形成中路渗透的打法称为中路进攻战术打法;当中路防守密集,进攻受阻时,向两边路转移形成的打法称为边路进攻战术打法。从比赛的发展过程上讲,这些均属于足球比赛的一般进攻原理。其次,足球比赛过程中的特别情况,如快速反击战术打法、定位球战术打法和个人进攻等,均属于足球比赛中进攻的特有原理。

1) 阵地进攻

阵地进攻包括边路进攻和中路进攻。

边路进攻是利用球场两侧区域发起进攻的方法,是足球运动中很常用的一种进攻战术。边路进攻是全队进攻战术的主要形式之一,其主要特点是提高进攻速度,打破对方防线,制造缺口。它指的是球员得球后,迅速通过边路向前推进,到底线附近传球给中路包抄的队员,达到打门目的。

中路进攻是利用球场中间区域组织的进攻。中路进攻的主要方式有利用速度强攻、运球突破、局部的快速配合、头球摆渡等。最有威胁的中路进攻方式是在对方防守加强之前发动反击,依靠较快的速度在对方形成防守优势之前,通过快攻完成射门。然而,利用中路纵深空当进行快速反击的条件并不总是存在的,此时局部的快速配合是在强对抗条件下突破对方密集防守的有力武器。

2) 快攻

比赛中当攻方进攻时,后卫线往往压至中场附近,防守人数也由于插上进攻和助攻而相对减少,如此时能抓住对方防区空隙较大和回防较慢的机会,趁其失球发动快速反击,往往能取得良好的效果。快速反击是最有威胁的进攻手段之一,有效的进攻在于突然快速地反击,但其难度较大,需组织有序,配合要极为默契,为此必须进行专门训练,否则很难在比赛中实施。

3) 定位球进攻

定位球战术是指比赛中,利用"死球"后重新开始比赛所采用的战术配合打法。定位球包括中圈开球、任意球、角球、球门球、点球和界外球。现代足球比赛中,定位球战术已经成为射门得分的重要手段,尤其是角球和罚球区前沿附近的任意球,如果配合组织得当,极有可能破门得分。调查研究表明,定位球得分所占的比例呈递增趋势,各足球强国均特别重视定位球战术发展,并将其纳入专门的训练课程。

2. 足球比赛防守原理

足球比赛是一项攻守平衡的比赛。防守战术是比赛中为了有效地阻止对方进攻,重新获得球权而采取的一系列个人防守行为、局部防守配合和整体防守战术。

针对现代足球的进攻特点,从由攻转守开始到防守结束,面对对方不同的进攻手段,作为防守方,我们要严格执行不同的防守原则,如此才能力保球门不失,从而获得进攻、得分乃至获胜的机会。

1) 阻止快攻

当对方快速反击时,全队逐步回撤防守,离球近的队员要封堵对方的控球队员,不让他运球突破或向前传球,以争取时间协助其他队员迅速回撤,为同伴争得回防布局时间,将防区由前场逐步撤到本方的中后场。以少防多时,在没有把握抢断球的情况下,一般应使自己处于对方两名队员之间的前方,并稍微靠近控球队员。要做到人球兼顾,随球与对方进攻队员的位置变化而移动防守位置,使自己始终处在有利的位置上。

2) 阻止推进

当对方中路进攻时,防守方需保持良好的阵形与队形,对口平衡,统一行动。针对对方中路的核心球员,须紧逼盯人,要做到向前可抢截球或不给对方自由处理球的机会,向后能转身抢先于对方得球或破坏对方得球。

当对方边路进攻时,要做到既能弥补邻近同伴的位置空缺,又能防守对方向身后传球和对方切入身后。面对对方进攻方向的控球队员,不要盲目拼抢,应边退边进行封堵,将对方往边线上驱赶,要伺机抢球或破坏传球。

在防守时,首先要思想上转换快,其次要加快行为活动变化,选择占据合理防守位置。合理选位不仅能控制防守面和有效地运用防守动作,而且也能决定整体防守布局的合理程度,对稳固防线起着重要的作用。

3) 定位球防守

在对方获得任意球时,距离球最近的队员要及时干扰对方罚球,争取时间迅速组织人墙;原则上所有队员均要回防,除排人墙的队员之外,其他队员应该控制和封锁要害空间,选择有利的防守位置。

在对方获得角球时,防守队员应先抢占有利位置,始终处在球、对方和球门内侧之间。所有队员注意力高度集中,切忌盯人不看球或看球不盯人。如控球被破坏,防守队员应全线快速压至罚球区附近,限制对方二次进攻,造成对方球员越位。

在对方获得界外球时,防守队员应在掷球局部区域对有可能的接球者实施紧逼,对危险区域和有可能出现空当的区域要重点保护。其他队员则选择有利位置,相互保护,对对方切入者、插入者严加防范。

二、战术原则

1. 进攻原则(以五人制足球为例)

足球进攻就是在比赛中由一方发起组织向对方球门进攻。不论是由守门员还是由后卫发起的进攻,都是从本方后场向前场推进的过程。足球比赛的进攻原则主要有四个:宽度、渗透、灵活、应变。

1) 宽度

当进攻方获得球时,除了距球最近的两三名队员适当拉开距离做好接应准备之外,其他队员尽快充分利用场地的宽度,将防守方的防线尽量拉开,使其个体防守面积增大,己方队员相互保护、补位,为进攻创造更多的时间和空间,在局部区域形成以多打少的有利局面,更易突破对方防线,如图 2-1 所示。

2) 渗透

在横向拉开、左右扯动的基础上,要从外线转入内线,突破防线的关键在于纵向的渗透。要善于抓住时机,快速启动,敢于向防守的身后空当突破、传球、切入。渗透的进攻原则如图 2-2 所示。

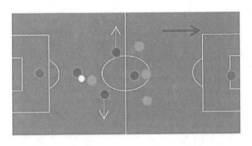
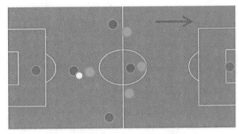

图 2-1　进攻原则——宽度

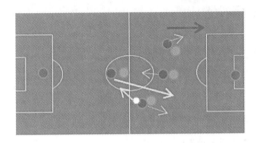
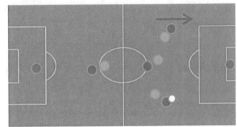

图 2-2　进攻原则——渗透

3）灵活

防守是被动行为，进攻是主动行为。灵活的原则要求进攻方通过积极主动、机动灵活的有球和无球活动，不断变化进攻的节奏、方向、位置、区域、距离、高度等，使防守方顾此失彼，防不胜防，如图 2-3 所示。

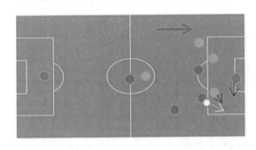
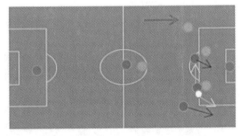

图 2-3　进攻原则——灵活

4）应变

应变的原则要求在射门瞬间，在众多因素和可能中，随机应变，用最短的时间筛选出最佳行为、动作，破门得分，如图 2-4 所示。这一原则对运动员的技战术能力、思维和反应速度、比赛经验及足球悟性提出了较高的要求。

2. 防守原则（以十一人制足球为例）

防守原则是面对对方的一次完整进攻时，处于不同阶段、不同场区的防守队

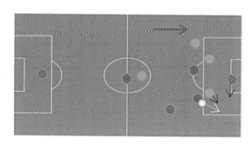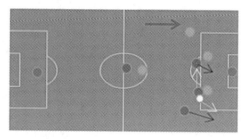

图 2-4 进攻原则——应变

员的行动准则,包括延缓、收缩、平衡、控制等四个方面。

1) 延缓

由攻转守,最重要的是需要一定时间进行队形调整和布防,因此要求失球的瞬间即刻转为防守,失球队员和距球最近的队员立即反抢,力争把球夺回来或阻止、干扰对方的进攻,争取更多的时间回防,并建立有效的防守体系。延缓的防守原则如图 2-5 所示。

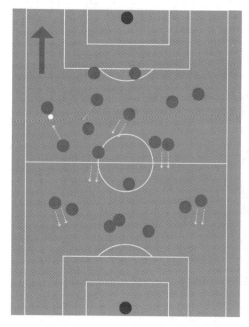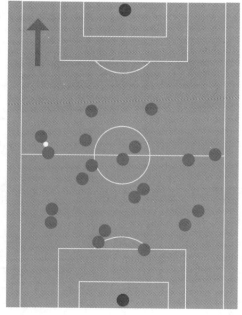

图 2-5 防守原则——延缓

2) 收缩

随着时间的推移,防线逐步撤回到罚球区附近。在争取到布防时间和攻守人数平衡的基础上,向门前漏斗区合理收缩防区,形成纵横交错的站位,相互保护,压缩所有可能威胁球门的空间。收缩的防守原则如图 2-6 所示。

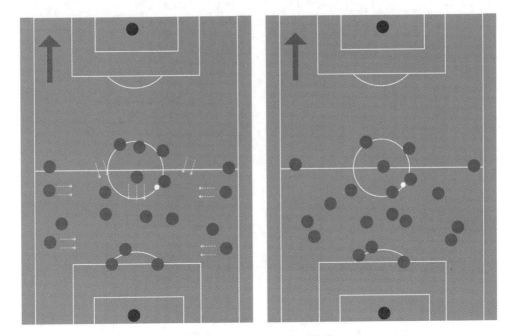

图 2-6　防守原则——收缩

3）平衡

在延缓对方进攻速度的同时，除个别牵制队员，其他队员必须尽快回撤到对方与本方球门之间的正确防守位置上，进行有效防守。在攻守人数上至少达到相等。最好在有球区域形成以多防少的安全稳固的局面。平衡的防守原则如图 2-7 所示。

4）控制

在射门的距离内对有球队员和插上接球或射门的队员，实施贴身紧逼，限制其射、传、突、切的自由，对进攻队员、球、空间进行有效的控制，同时要避免鲁莽行为和不必要的犯规。控制的防守原则如图 2-8 所示。

注：中国足球协会将青少年足球比赛原则分为进攻原则和防守原则。进攻原则包括：渗透（直接进攻）、宽度（边路进攻）、深度（形成菱形或三角形）、移动（形成人数优势）、突破（个人行为）。防守原则包括：延缓（压迫）、三角支援（保护）、整体紧密（平衡）、沟通。

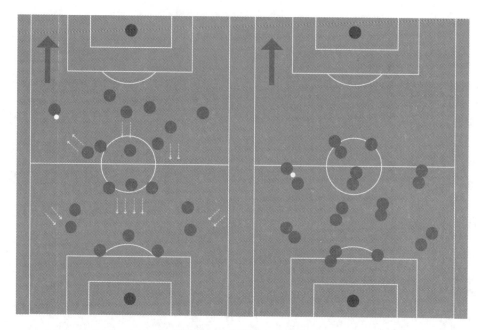

图 2-7 防守原则——平衡

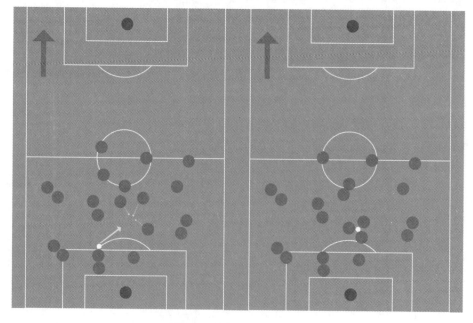

图 2-8 防守原则——控制

第二节 足球基本技术

一、足球技术基本概念

广义的足球技术一般包含两个层面。一是足球的基本技术,即具体的单个技术动作;二是足球技巧,即运动员在瞬息万变的比赛中,根据对手、同伴和场上情况的变化,合理完成基本技术的能力。

二、足球技术介绍

理论篇足球基本技术来自于《全国青少年校园足球指南(试行)》(以下简称《指南》)基本要求中的技术学习内容。《指南》坚持立德树人,以普及校园足球、培养学生综合素质和促进青少年健康成长为目标,是《体育与健康课程标准》在足球运动项目上的具体落实。

1. 足球基本技术要素

基本技术、战术、心理和体能构成了足球比赛四大要素,其中基本技术要素处于基础地位。在足球比赛场上,任何一种处理球的活动,都需要通过技术要素来表现,没有技术做支撑,再好的身体条件也发挥不出来,任何战术安排都会缺乏基础,球员所具有的创造性心理活动也会因为技术不足而表现暗淡。因此,技术要素在青少年足球训练中处于基础地位。

2. 技术要素的拆分

基本技术拆分的主要目的不仅是让教师、学生明确基本技术的系统知识,更重要的是要将各类技术的原始要素分解出来,便于教学和训练中足球技术的回归(即技术的组合)。

足球技术主要指的是结合球的进攻技术与防守技术,如图2-9所示。

三、进攻技术介绍

根据运动员结合球的行为特征,我们将足球进攻技术分为三大类,即运控球技术、传接球技术、射门技术。

进攻可以通过运球技术和整体传接球技术向前推进,通过控球技术来保证对

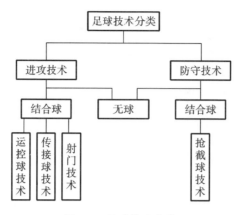

图 2-9 足球技术分类

球权的控制。遇到防守球员逼近时,在通过控球技术保证球权的情况下,带球突破防守球员或传球给队友。进攻的最终目的是射门并得分,射门技术是赢得比赛的一项重要技术。下面以结合球的技术为例介绍进攻技术。

(一)运控球技术

1. 运球技术

运球技术是用身体的某一部分触球,使球随着运球者一起运动且球在身体可控范围内的一种技术。

如图 2-10 所示,运球技术依据触球部位的不同分为脚背外侧、脚背正面、脚背内侧、脚内侧运球技术,根据运球方向的不同又分为直线、曲线运球技术。

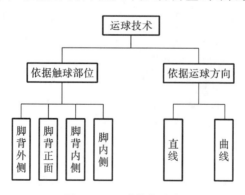

图 2-10 运球技术分类

1) 主要运球技术介绍

(1) 脚背外侧运球技术。

脚背外侧运球技术是一种用踢球脚脚背外侧推拨球的运球技术,多用于前方有大片空当时的快速带球。该技术运球方向易于改变,多用于变向和曲线运球。

技术动作要点:支撑脚站在球的后侧方,然后用踢球脚脚背的外侧推拨球,身体重心跟上,动作要协调。

脚背外侧直线运球技术动作如图2-11所示。

图2-11　脚背外侧直线运球技术动作

(2)脚背正面运球技术。

触球部位是脚背正面,运球路线单一,多用于前方有大片空当的直线运球。

技术动作要点:支撑脚站于球的一侧,身体重心置于支撑脚,踢球脚脚背立起,推拨球中后部。注意身体重心要跟上。

2)其他运球技术介绍

脚背内侧运球技术多用于运球变向,方向易于改变。脚内侧运球技术多用于推球,运球速度慢,运球方向容易控制。

2. 控球技术

在比赛中,控球技术动作与运球技术动作相结合,用以突破防守球员或寻求更好的传球空间。如表2-1所示,基本控球技术动作包括踩球、拉球、拨球、扣球、跨球、挑球、颠球。

表2-1　基本控球技术动作

基本动作	踩球	拉球	拨球	扣球	跨球	挑球	颠球
触球部位	脚掌中前部分	脚背外侧、脚内侧	—	脚尖	脚背正面、脚内外侧、大腿、胸部等部位

1)主要控球技术介绍

(1)扣球。

扣球是球员突然转身,以脚内侧或脚背外侧将球向侧后方停下,从而改变其运动方向的一种控球技术。扣球技术动作如图2-12所示。

图 2-12　扣球技术动作

技术动作要点：用脚内侧或脚背外侧突然急转往回扣球，注意扣球时身体重心要跟上。

（2）拨球。

拨球是运用踢球脚脚内侧或脚背外侧对球进行左右拨动，从而改变球的运行路线的一种控球技术。

技术动作要点：用脚背外侧或脚内侧接触球，将球向不同的方向拨动。注意拨球时身体重心与拨球方向一致。

（3）拉球。

拉球是用踢球脚脚掌中前部分将球向任意方向拉动的一种控球技术。

技术动作要点：脚掌中前部分接触球，将球往不同方向拉动。注意触球的力度。

2）其他控球技术介绍

踩球是运用脚掌中前部分将球踩住的一种控球技术。挑球是用脚尖将球挑起的一种控球技术。跨球是一种结合球的假动作，在运球突破时使用较多。颠球是用身体的任意部位连续将球颠起来，使其不落地的一种控球技术。

（二）传接球技术

足球运动是一项团体运动，现代足球发展遵循攻守平衡的比赛原理，强调球队的整体性。全攻全守的打法逐渐成为现代足球比赛的主流打法。球队中 11 个人通过足球串联，通过传接球技术形成一个整体。

1. 传球技术

如图 2-13 所示，传球技术依据球与地面的关系分为地滚和高空传球技术，依据传球距离分为短传与长传传球技术，依据触球部位分为脚部与头部传球技术。

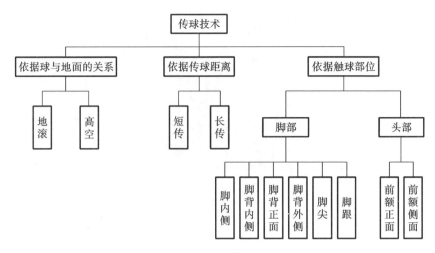

图 2-13　传球技术分类

1）主要传球技术介绍

（1）脚内侧传球。

在本方进攻控球时，队友之间通过脚内侧踢球进行传接球，保持对球权的控制，多用于短距离的地滚球传球。脚内侧传球技术动作如图 2-14 所示。

图 2-14　脚内侧传球技术动作

技术动作要点：踢球腿要以髋关节为轴由后向前摆动，膝关节和踝关节外展，注意外展时身体要朝向传球方向，触球时脚踝紧张。

（2）脚背内侧传球。

脚背内侧传球在比赛中多用于中长距离的传球。传球的形式以高空球为主。例如中场球员转移球时就是运用此技术进行传球，如图 2-15 所示。

技术动作要点：踢球腿以髋关节为轴，大腿带动小腿由外后向前内略成弧线摆动，击球后膝关节要向前顶送，传高空球时触球底部，传地滚球时触球中上部。

图 2-15　脚背内侧传球触球部位

2) 其他传球技术介绍

脚背正面传球多用于反弹球的传球,特点是摆踢速度快,接触面较大。脚背外侧传球具有突然性,球员在运球的过程中可快速通过脚背外侧将球传给附近的队友。脚尖传球的特点是动作迅速,短距离球速快,具有突然性,使防守球员难以抢断球。脚跟传球的特点是具有隐蔽性和突然性,在比赛中用于实现令防守球员意想不到的传球。头部传球多用于向队友传高于胸部的球,也可在身后有防守球员不便于停球的情况下,将球直接顶给附近无人盯防的队友。

2. 接球技术

接球是运动员有目的地用身体的合理部位把运行中的球停下来,控制在合理范围内的技术动作。接球技术依据球与地面的关系分为高空、反弹和地滚接球技术,依据接球形式分为缓冲和改变来球路线接球技术,依据触球部位分为脚部和其他部位接球技术,如图 2-16 所示。

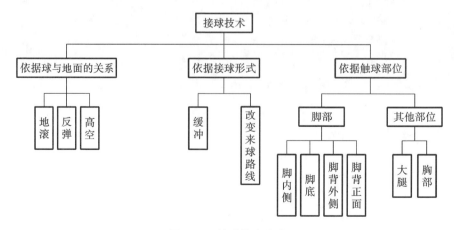

图 2-16　接球技术分类

1）主要接球技术动作介绍

（1）脚内侧接球。

脚内侧接球技术是在比赛中经常使用的一项接球技术，可以接地滚球、高空球、反弹球，如图2-17所示。根据比赛中防守的强度以及球员所处的位置，可以选择接球的形式是缓冲还是改变来球路线。

图2-17 脚内侧接球触球部位

图2-18 脚底停球触球部位

技术动作要点：接球腿膝关节与踝关节外展，触球时注意保持脚踝紧张，触球时接球腿以髋关节为轴向后引撤。

（2）脚底接球。

脚底接球技术对于足球初学者来说易于掌握，常用于接反弹球，也可以接高空球与地滚球。接球形式通常是压停（见图2-18）与缓冲。

技术动作要点：正对来球的方向，用脚掌的中前部分将球踩住。注意判断来球的速度，把握准确的时机。

2）其他接球技术动作介绍

脚背外侧接球技术的特点是动作幅度小，速度快，隐蔽性强，但是在实际运用中具有一定难度。脚背正面接球技术多用于接垂直下落或弧度较大的高空球。大腿因其中前部肌肉含量丰富，有利于缓冲来球的力量，常用于接垂直下落或弧度较大的高空球。胸部位置较高，接球面积大，肌肉含量多，在比赛中常用于接高空球。胸部接球形式可分为收胸式和挺胸式，收胸式接球指在触球时胸部迅速向后引撤的接球方式。以上接球技术动作的接球形式通常是缓冲。

（三）射门技术

射门技术是个人进攻以及球队获得比分的重要技术。射门是进攻中最重要的一环，影响着整场比赛的结果。下面介绍比赛中常见的几种射门技术。如图2-19所示，射门技术依据触球部位的不同分为脚部和头部射门技术，脚部射门技术又有脚内侧、脚背正面、脚背内侧、脚背外侧、脚尖和后脚跟射门技术,头部射门技术又分为前额正面头顶球和前额侧面头顶球射门技术。

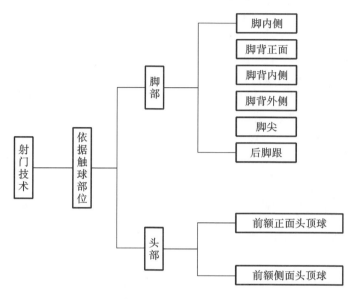

图 2-19　射门技术分类

1. 主要射门技术介绍

1）脚内侧射门技术

脚内侧射门技术是一种用脚内侧进行射门的技术,多用于近距离的射门和门前的包抄抢点射门。脚内侧射门技术动作如图 2-20 所示。

图 2-20　脚内侧射门技术动作

技术动作要点:踢球腿要以髋关节为轴由后向前摆动,膝关节和踝关节外展,注意外展时身体要朝向传球方向,触球时脚踝紧张,小腿做爆发式摆动。

2）脚背内侧射门技术

脚背内侧射门技术的触球部位是脚背内侧，如图 2-21 所示，多用于中长距离射门。脚背内侧射门球速快，比赛中大多数球员在禁区外大概率会选择用此技术进行射门。

图 2-21　脚背内侧射门触球部位

技术动作要点：踢球腿以髋关节为轴，大腿带动小腿由外后向前内略成弧线摆动，击球后膝关节要向前顶送，触球部位在球的中上部。

3）脚背正面射门技术

脚背正面射门技术适用于中长距离射门，可用于地滚球、反弹球以及高空球的射门。

技术动作要点：踢球腿以髋关节为轴，大腿带动小腿由后向前朝正前方摆动，击球后踢球腿膝关节前顶，身体随球向前移。

4）头顶球射门技术

比赛中头顶球射门技术常用于在对方禁区内的高空球射门，是足球比赛中一种有效的得分手段。原地头顶球射门技术动作如图 2-22 所示。

技术动作要点：顶球时，蹬地、收腹、摆体、顶送发力，当头摆至与身体垂直部位时，用前额击球的上中部，顶球瞬间，颈部保持紧张，顶球后继续前送，以便控制出球方向。

2. 其他射门技术介绍

脚尖射门技术常用于禁区内的捅射，特点是射门摆踢速度快。脚跟射门技术与脚尖射门技术一样多用于禁区内，特点是具有突然性与隐蔽性。脚背外侧射门技术在比赛中常用于踢弧线球，特点是具有很强的隐蔽性。

四、防守技术介绍

在现代足球比赛中，单靠个人的防守阻止不了对方的进攻。全攻全守的打法

图 2-22　原地头顶球射门技术动作

成为主流打法，防守要求球队的每个球员都参与其中。

抢截球技术是足球运动技术中的一种防守技术，是将对方控制或传出的球占为己有，或破坏对方对球的控制的技术，也是比赛中由守转攻的主要手段。抢截球技术依据基本动作可分为抢球、断球和铲球技术，依据防守方向可分为正面、侧面和侧后方抢截球技术，如图 2-23 所示。

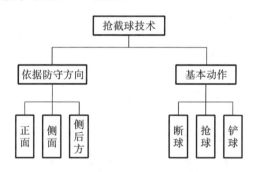

图 2-23　抢截球技术分类

1. 主要抢截球技术动作介绍

1）断球

断球是指通过准确地预判传球路线，在对方球员传出的球传到接球者脚下之前将球截下的一种动作方法。

技术动作要点：首先需要根据防守球员判断选择是正面、侧面还是侧后方合适位置，这是断球的前提；然后上步抢断，需要做到动作突然、迅速、准确，出其不意。地滚球和低平球可以采用脚内侧断球，高空球可以采用胸部或者头部断球。

2）抢球

抢球是指将对方脚下控制的球抢过来或破坏其对球的控制的技术。抢球又分为正面抢球、侧面抢球(见图 2-24)以及侧后方抢球。

图 2-24 侧面抢球

技术动作要点：正面抢球时双脚前后站立，膝盖微屈。关键在于在对方运球触球后球离开脚的时刻，抢球脚以脚内侧对着球跨出。侧面抢球与侧后方抢球的关键在于合理运用身体获得抢球的有利位置，注意与对方球员抢位置时要用肘关节以上部位且手臂紧贴于身体，不然容易被判犯规。

抢球与断球都是无球技术与有球技术的结合，只有两者协调配合才能将球断下或抢下。

2. 其他抢截球技术动作介绍

铲球是抢截球技术动作中的一种，但该技术对对方及自身而言都存在一定的危险性，尤其是在中小学的足球比赛中，侧面和侧后方的铲球危险性更大。

五、守门员技术介绍

(一) 比赛中守门员进攻技术和防守技术介绍

守门员的基本职责是守护球门，确保己方球门不被对方攻破。然而，在现代足球发展中，守门员的职能进一步拓展，守门员不仅要做好"球队最后一道屏障"，而且要在球队进攻中发挥作用，利用一切规则允许的方法参与球队进攻，甚至可以作为进攻的组织者直接策划威胁对方球门和进球。现代足球发展认为，球队防守止于守门员控制住皮球，而球队进攻也始于守门员发出皮球，从这个意义上讲，守门员既是球队的防守终结者，也是球队的进攻发起者。

1. 进攻技术

1）发球进攻

守门员通过发球参与球队进攻。守门员发球技术分为如下两种：投掷发球和抛踢发球。其中投掷发球又分为勾手掷球、肩上掷球、低手掷球三种。

守门员发球使用频率最高的技术动作是投掷发球，而投掷发球中使用最多的又是低手掷球，这是因为这一技术动作最为稳妥，其传球距离短，主要是传给本方后卫，而且也容易控制发球方向、角度和力度，不易造成失误，因而成功率也最高。

使用第二多的是勾手掷球。相比投掷发球，勾手掷球的成功率有所下降，这是因为勾手掷球通常距离较远，主要是传给本方中场及边路球员以便其快速发起进攻。

使用最少的发球动作是肩上掷球。这是因为肩上掷球的特点是传球距离短，但落点高，用于传出过顶传球，可以绕过对方前锋的抢截，缺点是本方队员很难控制，所以一般情况下守门员很少使用。

通过以上分析可知，在守门员发球技术动作中，使用最多、成功率也最高的是低手掷球，不过这一技术动作也有局限性，就是投掷发球的速度较慢，无法快速过渡到前场形成攻势，通常用于稳定球队比赛节奏。

另外，抛踢发球也是一种比较常见的守门员发球技术。但是它最大的缺点就是成功率较低，远远低于其他发球技术。其主要原因是：一方面，抛踢发球技术中，皮球运行距离较远，时间较长，有足够的时间让防守方队员站位和拼抢，而本方队员在有身体对抗的情况下很难轻松控制住皮球；另一方面，抛踢发球通常都会直接发到对方半场，而对方半场也是对方重点控制的区域，防守球员多，己方人数不占优势，不利于争抢到皮球。另外，抛踢发球对守门员的脚法要求也较高，必须落点准确，而事实上很难有守门员能做到这一点。这也说明了抛踢发球这一技术动作是所有守门员发球动作中最难掌握的。

2）定位球进攻

现代足球的快速发展要求球场上各个位置的球员不仅掌握本位置所需要的技术，而且具备技术的全面性，守门员也是如此。比赛中，守门员不仅仅是防线上的最后一道闸门，更是组织进攻的发起者，这就要求守门员要有较为出色的脚法和细腻的盘带技术。

守门员踢球门球也是进攻的重要手段之一，守门员可以踢出又远又精准的任意球或者门球，对球队的进攻、得分也会起到很大的作用。

守门员罚任意球主要是后场的越位球和对方进攻队员在本方半场的犯规球。守门员一般会采取两种罚球方式：一种是就近传给己方球员，让后卫或者后腰去组织进攻；另一种是长传球给中前场的队友以便直接发起进攻，但是有效的传球次数较少。守门员的后场任意球成功率较低,这是因为发后场任意球的时候,传球没有隐蔽性,而且位置离球门较远,此时对方防守队员已经到位,守门员传出的长传球绝大部分都由进攻方与防守方相互争抢,因此这一技术的成功率也取决于己方球员与对方球员的争抢能力的强弱。同时,在前场球员拼抢中,也是对方防守队员居多,进攻球员较少,所以长传球的成功率较低。

2. 防守技术

1) 选位站位

根据球队双方控球率和进攻转化威胁率来判断选择适当的守门防守技术。当一支球队处于劣势时,球队后防线被压缩至距离球门30米处,守门员在后卫线与球门线之间距离10~20米的范围活动。在狭小的进攻范围内,对方球队很难传出威胁地滚球以及威胁高空球,此时守门员主要是以球门区外射门和防守左右三区的传中球作为防守任务,应做到注意力集中,判断准确,果断做出动作,在防守覆盖范围内运用接扑球技术完成防守任务。

当一支球队处于优势时,整个后卫线前提,守门员防守位置扩大至球门区向前与后卫线保持15~30米距离,在后方空当相对较大的情况下,对方很可能采用打己方身后高吊球作为进攻手段,此时守门员指挥有限的防守队员进行盯防或者区域防守,应在最大覆盖范围内运用防守技术,如在球门区外,则运用脚踢球解围,作为主要防守技术。

2) 接扑球技术

接扑球技术包括接地面球、接半高球、接高空球、扑地面球、扑空中球和击托球。

现代足球发展崇尚和鼓励进攻,不仅从规则上做出倾向性调整,而且要求前锋等进攻球员的射门技术更为娴熟,射门角度刁钻、力量大、球速快。这些都让守门员必须采取接扑球技术动作来阻止进球。同时,现代足球比赛中更多的战术打法是中路渗透,对守门员接扑地面球技术提出了极大考验。

另外,边路传中也是现代足球比赛中常见的一种打法,这考验的则是守门员接扑空中球的能力。接扑空中球是一项极难掌握的守门员技术,对守门员技术能力和身体素质要求甚高,守门员要在短时间内完成空中鱼跃、伸展,同时还要准确判断来球落点。很少有守门员能够在做出这一系列动作后还能将皮球稳稳接住,而大多以破坏方式中止对方进攻。

击球用于应对力量较大、角度较正的射门,面对这种射门,守门员很难用手控制住皮球,更多地只能通过击球破坏对方进攻。

相比击球,托球则是一项更难掌握的技术。因为托球更多地用于对付那些力量大而且角度刁钻的射门,这类射门将对球门造成较大威胁,守门员只能通过单手托举的方式破坏皮球攻势,而且一般都需要做出腾空、伸展、托球一系列动作,因而成功率也有限。

3) 其他防守技术

所谓其他防守技术,就是守门员在规则允许范围内除去常规防守动作之外采取的一切可以阻挡、破坏、延缓对方进攻的手段。其他防守技术可分为三种:下肢拦挡、躯干拦挡、直接破坏。

(1) 下肢拦挡。这一非常规动作主要用于阻挡对方近在咫尺的射门,这类射门的特点是距离近,角度刁钻,且以低平球为主。攻防双方短兵相接,守门员以近乎肉搏的方式移动下肢形成障碍,扩大防守面积,阻挡对方皮球路线。这一技术动作最为常见的应用场景是防守对方单刀球,在紧急状态下可以配合出击使用。如"金手套"获得者诺伊尔对这项技术的运用就十分娴熟,他多次在比赛中运用这一技术动作破坏对方单刀球进攻,令对手无功而返。

(2) 躯干拦挡。这一技术也可以称为非常规技术,是指守门员因情势所迫,利用身体的任意部位充当屏障,以此扩大防守面积,阻挡对方进攻。这一技术在现代足球发展中也十分常见,但并未有具体的定义和技术标准,属于守门员临场发挥而做出的应急动作,也十分考验守门员的应急处理能力。

(3) 直接破坏。这一技术动作在"世界杯"比赛中较为常见,成功率也较高。直接破坏技术通常应用于以下情形:第一,面对进攻方的直传球和过顶传球,守门员出击大脚破坏对方攻势,兼以形成快攻反击;第二,守门员面对对方快速推进时出击铲断,以此破坏对方进攻。由此可见,直接破坏通常和出击相关联,也通常运用在罚球区之外,按照规则,守门员无法以手触球,只能用脚破坏。

(二) 基本技术动作

1. 准备姿势

1) 准备姿势

(1) 比赛中的运用:应用于比赛中守门员准备接球或者扑球前的身体姿势,有利于提高接球时守门员的爆发性。

(2) 技术动作要点:保持两脚平行站立,上体略前倾,两腿自然屈蹲,眼睛注视来球,使身体处于"一触即发"的良好状态。

2) 手形

(1) 比赛中的运用:应用于比赛中守门员准备接胸部以上高度来球或者扑球前的手形姿势,有利于提高守门员接球时拿住球的成功率。

(2) 技术动作要点:接胸部以上高度来球的手形为手心向前,五指口开,两手拇指相对呈"八"字形,其余四指微屈,手掌对球,如图 2-25 所示。

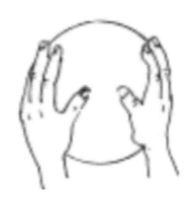
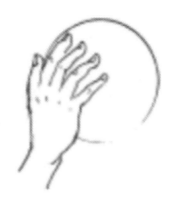

图 2-25　手形

2. 接球

1）接地滚球

（1）比赛中的运用：多用于应对对方球员射门采取地滚球的形式，或者己方球员非故意的回传球。守门员必须提前判断选位。

（2）技术动作要点：直腿式的动作要点是两腿自然并立，上体前屈，两臂并肘前迎，手掌对球；手触球的刹那随球后引屈肘、屈腕，两臂靠近将球抱于胸前，如图 2-26(a)所示。

跪撑式多用于向侧方移步接球。接球时，左腿屈，右腿跪撑于左脚附近，两腿之间的距离不得超过球的直径，如图 2-26(b)所示。

(a) 直腿式　　　　　　　　　　(b) 跪撑式

图 2-26　接球滚地

2）接平直球

（1）比赛中的运用：多用于应对对方球员射门时球的水平高度在膝以上、胸以下的空中球，且为正面飞向守门员的平空球形式。守门员必须提前判断选位。

（2）技术动作要点：接球时注意面对来球，两手掌心向上，前迎接球；当手触球时，两臂向后撤引缓冲，将球抱于胸前，如图 2-27 所示。

图 2-27　接平直球

3）接高空球

（1）比赛中的运用：多用于应对对方球员射门时水平高度在胸部以上的空中球，且为正面飞向守门员的空中球形式。

（2）技术动作要点：接球时，注意两臂上伸，两手拇指相对呈"八"字形，手掌对球，在最高点手触球瞬间，缓冲来球并将球接住，顺势转腕屈肘、下引，将球抱于胸前，如图 2-28 所示。

图 2-28　接高空球

4）击托球

如果对方射门来球速度快，且即将越过身体重心进入球门内，则守门员在这种情景下只能用击托球方式将球扑出。

（1）拳击球技术：准确判断来球运行路线，及时移动到位，握紧拳，在接近球的刹那迅速出拳击球，如图 2-29 所示。拳击球有单拳击球、双拳击球之分。单拳击球动作灵活,摆动幅度大,击球力量大;双拳击球触球面积大,准确率高。

图 2-29　拳击球技术

（2）托球技术:判断来球运行路线后,向后跃起托球。托球时手指微张,手掌向外翻转,用手掌前部触球的下部,使球改变运行轨迹,呈弧线越过球门横梁,如图 2-30 所示。

图 2-30　托球技术

3. 扑球

1）扑侧面球

（1）比赛中的运用:多用于对方射门突然、球速快且球的水平高度在胸部以下时,守门员不能及时移动到位而选择侧面扑球,用侧跳的形式弥补不能及时移动到位。

(2) 技术动作要点：异侧脚用力蹬地，双手快速向侧面伸出，一手置于球后，另一侧手置于球的侧后上方，落地后抱球团身，如图 2-31 所示。

图 2-31 扑侧面球

2) 扑平空球

(1) 比赛中的运用：多用于对方射门突然、球速快且球的水平高度在胸部以上时，守门员不能及时移动到位而选择侧面扑球，用侧跳的形式弥补不能及时移动到位。

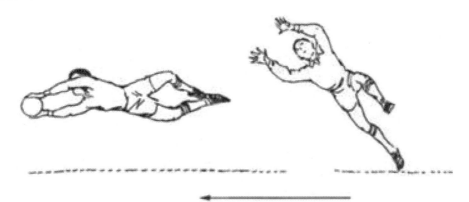

图 2-32 扑平空球

(2) 技术动作要点：近侧脚用力蹬地使身体跃起，身体在空中伸展，手指用力抓住球，如图 2-32 所示。

4. 发球

1) 手掷球

(1) 比赛中的运用：守门员手掷球，多用于对方射门后接到球快速手抛给队友，发动反击，或者在身边的进攻球员不方便用脚踢球的情况下采用手掷球。

图 2-33　手掷球

（2）技术动作要点：单手肩上掷球时，借助转体、挥臂和甩腕的力量将球掷向预定的目标，如图 2-33 所示。侧身勾手掷球时，身体侧对出球方向，单手持球后引，持球手臂由后经体侧沿弧线摆至肩上，手腕用力将球掷向预定的目标。

2）踢发球

（1）比赛中的运用：多用于守门员发球门球，或者参与后场的传递球。

（2）技术动作要点：踢空中球时，将球置于体前，在球自由下落过程中踢球。踢反弹球时，在体前抛球，在球落地后反弹起来的瞬间将球踢出。

第三节　足球基本战术

足球战术是比赛中为了战胜对手，根据主客观的实际情况所采用的个人和集体配合的方法。

战术能力与运动员的技术、身体素质、心理素质紧密相关。运动员的技术和身体素质是实现战术的基础，良好的心理素质是完成战术任务的保证。它们之间相互渗透，相互补偿，相互制约。若仅片面强调某一方面的作用或依赖某一方面的优势，则很难在高水平的比赛中取得优异成绩。

足球比赛是由攻守矛盾组成的。攻和守的转换组成了比赛的全过程。因此，足球战术可分为进攻和防守两大模块。进攻和防守中又分别包含着个人战术、局部战术和集体战术三类。比赛实践证明，成功地组织战术和巧妙地运用战术是夺取比赛胜利的关键。

足球基本战术分类如图 2-34 所示。

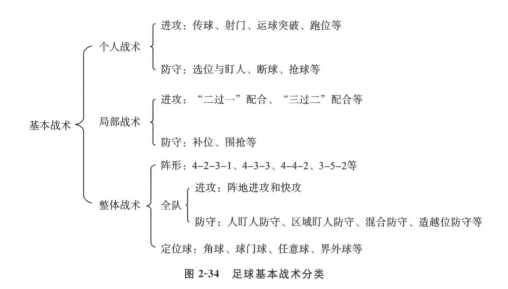

图 2-34 足球基本战术分类

一、个人战术

1. 个人进攻战术

个人进攻战术是指在比赛中为了战胜对手而采取的符合整体进攻目的的个人行动,主要包括传球、射门、运球突破和跑位等。

(1) 传球是比赛中运用最多,也是最重要的技战术手段。快速而精准地进行不同距离的传球是进攻的重要手段。传球时要注意以下问题。

①传球时机:球场上瞬息万变,良好的传球时机可能稍纵即逝,我们要把握传球时机,契合队友跑位,做到传跑一致。

②传球力度:根据传球的距离选择传球力度,恰当的传球力度能使队友更舒服地处理球,便于衔接下一步动作,避免在进攻中的停顿。

③传球线路:选择正确的传球线路至关重要,避免线路被防守球员预判,选择合理的传球线路,可以极大地提高传球成功率。

④传球脚法:脚弓传球和脚背内侧传球准确率高,而外脚背传球则具有隐蔽性,可传出防守球员意想不到的球。

(2) 射门是一切进攻战术配合的最后一环和得分的唯一手段,一切进攻的战术配合都是为了更好地完成射门并得分。射门时要注意以下问题。

①快:注意防守球员的动向,选择合理的技术动作,赶在防守球员抢截球前射门。

②准:准确把握球门的位置,尽量把球射在球门范围内。在没有干扰的情况

下把球射向球门的四个角落。

③巧：射门得分的要点不只是势大力沉，而且还需要讲究角度。判断守门员的站位和移动，将球射向守门员扑救覆盖范围以外。

（3）运球突破是一把双刃剑，一次成功的突破可能创造进球的机会，但一旦突破失败，可能造成球权转换，使己方陷入被动。运球突破在高水平球队中会被放在战术层面上运用。运球突破在比赛中的运用通常如下。

①强行突破：如果球队中有速度见长的球员，可充分发挥其优势，利用速度强行突破对方防线，为己方制造进球机会。

②假动作：灵活地运用假动作，使对方防守球员不敢草率出脚断球，以便己方持球队员更从容地传控球。

（4）跑位是比赛中无球进攻球员的重要进攻手段，个人的跑位是整体进攻战术的基础。积极、快速、多变的跑位能拉扯开对方的防线，为己方进攻创造时间、空间上的优势。跑位的原则是向前、向球门、向对手防守薄弱处跑位，为持球的队友提供支援，丰富持球队友进攻时的选择。但是在跑位的时候要注意时机，不要越位。

2. 个人防守战术

足球运动的个人防守战术是指为了延缓对方进攻速度或夺回球权所采用的个人战术行动，主要包括选位与盯人、断球、抢球等行为。

（1）选位是指防守球员根据位置职责和临场情况，选择适当的防守位置。良好的选位能使球员在防守上抢占先机。盯人是指在正确选位的基础上，对防守的对手实施监控或严密控制其进攻行动。盯人时，进攻球员、防守球员和己方球门中点三点成一线，并保持适当距离。

（2）断球是判断对手传球的线路并进行拦截或破坏的战术行为。断球是重新获得球权最主动、最有效的战术行动。断球前要隐蔽断球意图，诱使或者压迫对手往自己预想的线路上传球。

（3）抢球是指将对方的球权抢到己方控制下或破坏掉的战术行动。抢球是最重要的个人防守战术，是个人防守能力的重要体现。抢球要做到快、准、狠，即在防守中快速移动，看准抢球时机并合理利用身体进行对抗卡位，从而夺回球权。断球失败后要快速回到防守位置，避免使己方陷入局部少防多的不利局面。

二、局部战术

1. 局部进攻战术

局部进攻战术是指两个或两个以上进攻球员之间相互协同配合进攻的战术，

主要有"二过一"配合和"三过二"配合。

（1）"二过一"配合是两个进攻球员通过传跑配合越过一个防守球员的配合方法。其主要形式有传切配合撞墙式"二过一"（见图 3-35）和回传反切"二过一"（见图 2-36）。"二过一"配合是足球场上最简单有效的局部配合进攻战术，球员需要结合场上实际情况灵活运用不同形式的"二过一"配合。

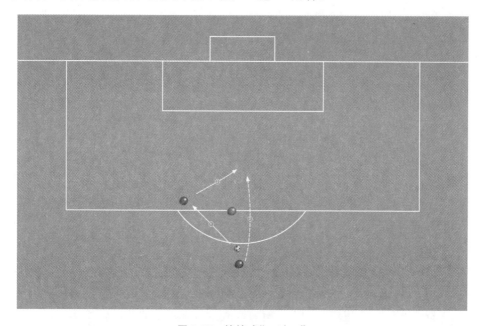

图 2-35　撞墙式"二过一"

（2）"三过二"配合又称三人配合，指在比赛中局部区域的三个进攻球员通过连续配合突破两个防守球员的防守的局部战术行动，如图 2-37 所示。

2. 局部防守战术

局部防守战术是指两个或两个以上进攻球员之间相互协同配合进行防守的战术，主要有补位和围抢。

（1）补位是指在己方其中一个球员被对手突破时，另一球员前去封堵，或者当同队球员离开了原定分工位置，其他球员填补因该队员离开而暴露出来的空位。防守球员之间良好的沟通是快速、成功进行补位的基础。补位战术如图 2-38 所示。

（2）围抢是指两个以上防守球员从多方位夹逼进攻方控球球员，抢回球权或将球逼迫出界的局部防守战术。围抢本质上是利用局部的人数优势进行防守。围抢时，需要思想统一，防守严密，避免被突破而造成场面上的被动。围抢战术如图 2-39 所示。

图 2-36 回传反切"二过一"

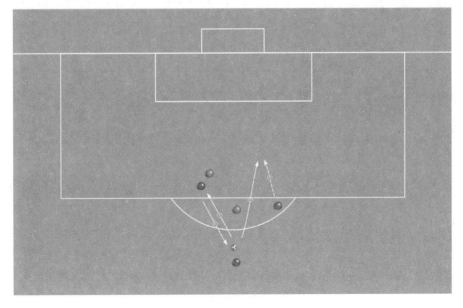

图 2-37 "三过二"配合

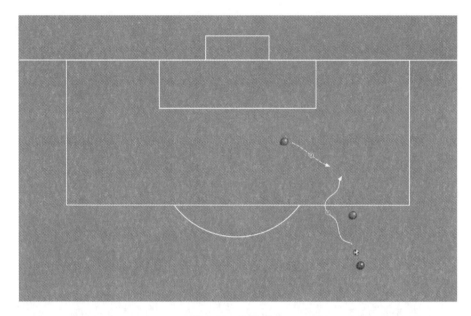

图 2-38 补位战术

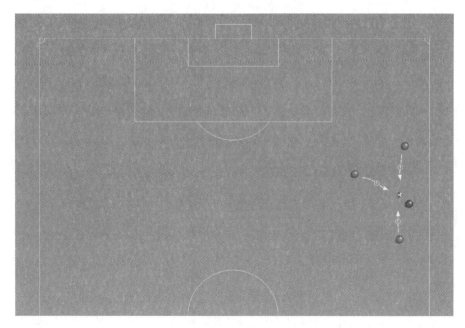

图 2-39 围抢战术

三、整体战术

整体战术主要分为全队进攻战术和全队防守战术,除此之外还有足球比赛的阵形和定位球战术。

1. 全队进攻战术

全队进攻战术主要有阵地进攻和快攻。

(1) 阵地进攻是指进攻方在防守方球员大部分都回到防守方半场且占据有利防守位置时对其发动的进攻,如图 2-40 所示。阵地进攻时空间有限,进攻时要有耐心,需要不断地穿插跑位来给防守方制造漏洞,在局部形成多打少的局面。阵地进攻的主要手段有中路渗透、边路传中、运球突破、传球配合和中边转移。

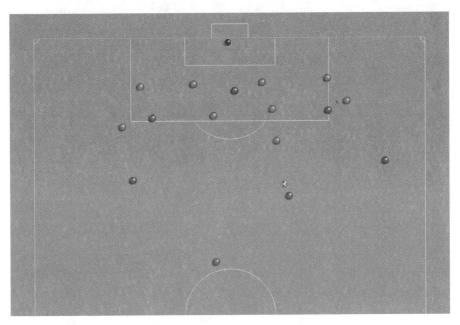

图 2-40　阵地进攻

(2) 快攻是指在由攻转守时,进攻方趁对手防线立足未稳,采用简练的中长传或快速短传推进,或采用个人快速带球突破等手段将球引向前场,威胁对方的球门,如图 2-41 所示。快速反击时要尽可能多地投入进攻兵力。有球球员做好传球或突破的选择,传球需要快速而精准,尽可能地向前传球,减少或避免横穿和向后传球;突破时需要分析场上情况,有好的传球时机时就不要运球。无球球员要积极快速地向空当跑位接应,支援有球球员。快攻主要有中路突破、边路传中和中边转移三种形式。

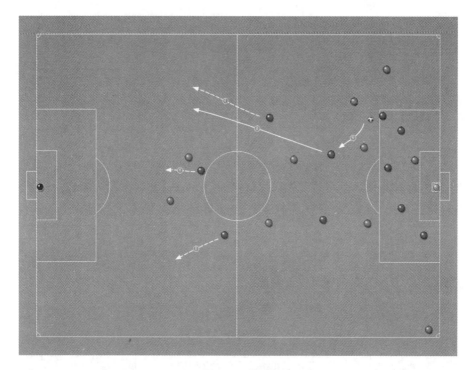

图 2-41 快攻

2. 全队防守战术

全队防守战术主要包括人盯人防守、区域盯人防守、混合防守和造越位战术。

(1) 人盯人防守是在防守过程中每个人都有相应的防守对象,利用各种个人防守战术方式来相互协作的全队防守战术。人盯人防守战术如图 2-42 所示。

(2) 区域盯人是指每一防守球员占据一定的活动区域,当进攻球员进入该防区时,区域防守球员实施严密盯人,以阻碍进攻球员在此区域的一切有效行动。区域盯人防守战术如图 2-43 所示。

(3) 混合防守是人盯人防守与区域盯人防守相结合的防守方法。它是目前在比赛中普遍应用的一种防守方法,集中了人盯人防守和区域盯人防守的优点,从而使球员在防守中能结合场上情况进行逼抢盯人、保护与补位,以达到防守目的,提高全队防守的能力。混合防守战术如图 2-44 所示。

(4) 造越位战术是利用足球运动规则而展开的一种防守战术,是一种以巧制胜的省力打法。一旦造越位失败,就会造成巨大的防守漏洞。这种战术配合难度较大,往往只有高水平球队采用。

3. 比赛阵形

比赛阵形指的是比赛时场上球员的职责分工和位置布局的表现形式。选择

图 2-42 人盯人战术

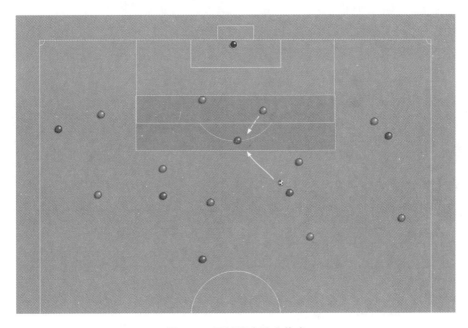

图 2-43 区域盯人防守战术

图 2-44　混合防守战术

球队比赛阵形时需要根据攻守战术的需要,合理利用所有球员的能力,最大限度地发挥全队的竞技水平。

1)十一人制比赛阵形

下面介绍几种常见的十一人制比赛阵形。

(1) 4-2-3-1:只设置一名身材高大强壮、冲击力强的前锋,在进攻中多作为支点吸引防守,掩护队友进攻。4-2-3-1 阵形的主要优势是防守稳固。首先,中路重点区域的防守力量充足,在四名后卫前配置两名后腰,防守能覆盖整个中路;其次,从中锋到前卫、后腰,再到后卫,共有四层防线,有足够的防守纵深。该阵形的另外一个优势是利于快速反击。阵形中的两名边前卫需要速度快,射门得分能力强。当反击时,后腰和前腰通过组织,迅速将球交给边前卫,利用其速度快速突破,为队伍创造得分机会。4-2-3-1 阵形如图 2-45 所示。

(2) 4-3-3:由四名后卫、三名中场和三名前锋构成。这个阵形总体上更有利于进攻。进攻时,由于前场有五个人,他们的位置会很灵活,可以通过不断交叉换位,让对手难以盯防。该阵形的优点是结构流畅,在比赛的各个阶段都能利用进攻的人数优势不断创造机会和保持控球权。该阵形的缺点是防守人数不足,在防守时容易被进攻方从中路渗透,直接威胁到球门。4-3-3 阵形如图 2-46 所示。

(3) 4-4-2:后场和中场都安排四名球员,防守人数多,防线稳固,同时有利于夺取中场优势和主动权。前锋一般只安排两名,这两名前锋不但要突破能力强,

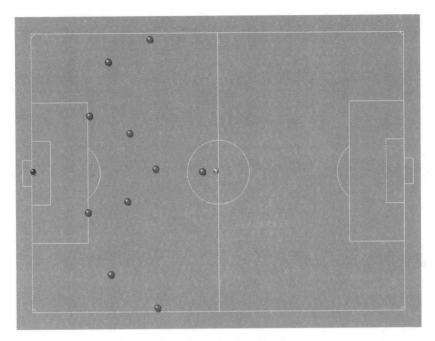

图 2-45　4-2-3-1 阵形

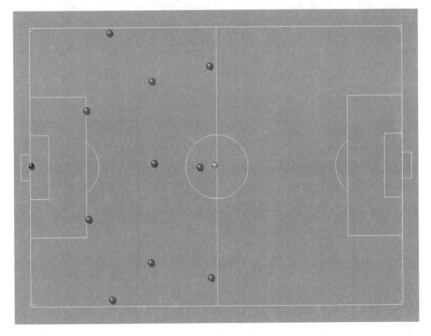

图 2-46　4-3-3 阵形

善于捕捉机会，还要通过积极的跑位在中路和边路制造空当，组织和发展多个进攻点，安排前、后卫插上进攻，造成对方防守混乱，出其不意。4-4-2 阵形如图 2-47 所示。

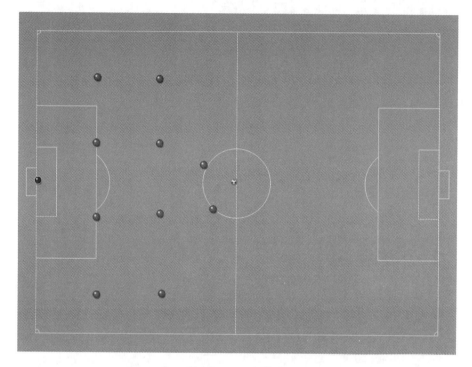

图 2-47　4-4-2 阵形

（4）3-5-2：该阵形的显著特点是中场人数多，力量强，有利于夺取中场优势，从而取得比赛主动权。该阵形可通过前锋和中场队员的逼迫式防守，减轻后方的压力并增加对方进攻的难度，又可在中前场抢截成功时发动反击，其威慑力和成功率远高于从后场发起的进攻。进攻时，中场球员可随意前插，使球队的进攻点变得丰富，中场球员的前插要具备突然性和隐蔽性。该阵形的缺点是前场的高位压迫对前场球员的体能要求很高，特别是边前卫，既要充当边锋、边前卫，又要充当边后卫协助防守。3-5-2 阵形如图 2-48 所示。

2）五人制比赛阵形

除了十一人制的比赛阵形以外，这里再介绍几种五人制的比赛阵形。

（1）1-2-1：此阵形分工明确，设有专门的前锋和后卫，两名中场球员可以灵活地参与防守和进攻。在比赛中两名中场球员需要注意判断场上攻守形势，例如一人进攻靠前时，另一人应该更多地拖后，承担防守责任。1-2-1 阵形如图 2-49 所示。

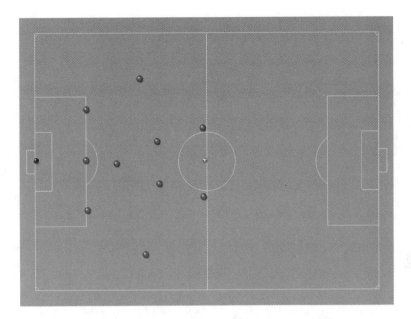

图 2-48　3-5-2 阵形

图 2-49　1-2-1 阵形

(2) 2-2：此阵形攻守平衡，除守门员以外的球员都保持平行站位，队伍的四名球员分别处于两个简单的责任区域，能够以简单的配合打出很好的战术效果。2-2阵形如图2-50所示。

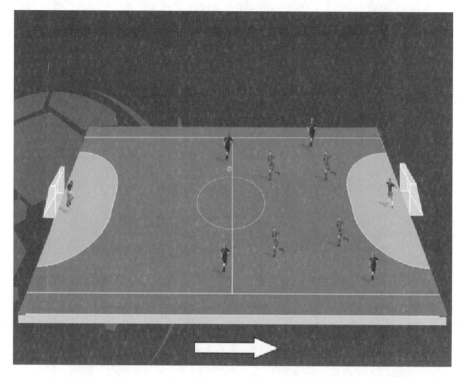

图 2-50 2-2 阵形

(3) 3-1：这个阵形中设置了三名后卫，比较侧重于防守，而且前锋需要拥有良好的传带控球技术，左右侧的两名后卫在进攻时要注意要伺机支援前锋。3-1阵形如图2-51所示。

4. 定位球战术

定位球战术是比赛出现"死球"时所采用的攻守战术方法。定位球包括球门球、中圈开球、界外球、角球、任意球、点球。相关资料显示，足球比赛中三分之一的进球都来自定位球。所以定位球在比赛战术中的地位极为显要，尤其是在势均力敌的比赛中，关键的获胜进球通常是定位球。

1) 任意球

发任意球是一种因足球比赛中发生犯规行为造成"死球"而重新开始比赛的方法。任意球分两种：一是直接任意球，可直接射门得分；二是间接任意球，踢球球员不能直接射门，球在进入球门前必须被其他球员踢到或触及。任意球的进攻

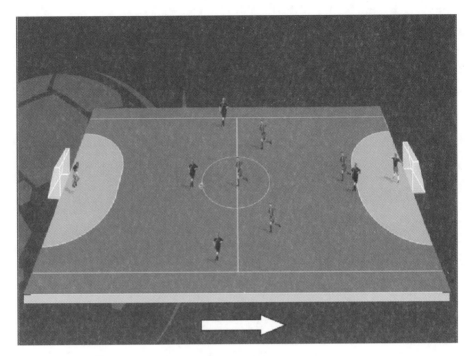

图 2-51　3-1 阵形

要做到：能直接射门就不打配合；即使配合也应简练，配合越简练，成功的可能性就越大。当对方尚未组织好人墙、人墙有漏洞、守门员的位置不当或者是主罚球员善于踢弧线球时，可采用直接射门。当不能或不适合直接射门时，可采用配合射门，把球传到更具有威胁性的区域，让队友完成射门。此时，主罚球员的传球速度要快，准确性要高。任意球战术如图 2-52 所示。

2）角球

发角球是当防守方球员将球整体逼迫出底线造成"死球"后重新开始比赛的一种方法。发角球的区域为靠近出界一侧的角球区。角球可分为短传角球和长角球。短传角球的优点是速度快，在角球区附近形成多打少的人数优势。短传角球丰富了进攻的手段，缩短了传球距离，同时也增加了传球角度的多样性和精准度，给防守方造成了很大的压力。短传角球一般在传控球能力较强且前锋球员身材不占优势的情况下采用。长角球可以直接射门，但难度较大。选择主罚球员时，多选择擅长右脚踢球的球员罚左侧角球、擅长左脚踢球的球员发右侧角球，因为这样罚出的内弧线球轨迹使防守球员难以判断，增大了防守压力。角球战术如图 2-53 所示。

3）界外球

发界外球是因足球完全离开足球场边线造成"死球"而重新开始比赛的一种

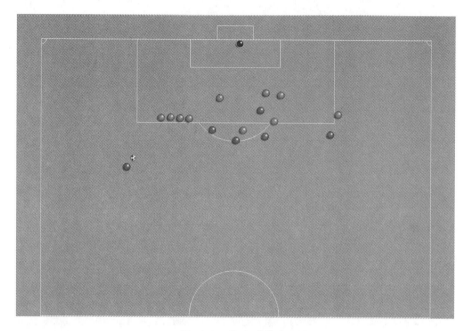

图 2-52 任意球战术

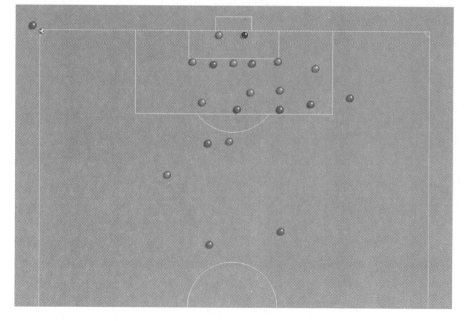

图 2-53 角球战术

方法。比赛中,如一方将球碰出边线,则由另一方发界外球。界外球可分为前场界外球和后场界外球。前场界外球如靠近罚球区,则可直接将球掷入罚球区,直接对对方的球门造成威胁,其效果不亚于一次准确的传中球。如果离球门较远,则需要接应球员不断跑位策应,为自己或其他队员创造接球空间。后场界外球则需要以安全为主,一般沿边线向前掷出或者通过简单的配合将球迅速转移至安全区域。

4）点球

点球的全称为罚球点球。若一队在本方罚球区内对另一方队员的犯规符合判罚直接任意球的十种情况之一,则应判罚球点球。常规时间罚球点球应该派心理素质较好、射术精湛的球员主罚。点球决胜是在淘汰赛中踢出平局的情况下,用来决胜负的方法。点球决胜前,裁判掷硬币决定先罚的球队,然后轮流罚球点球。每队依次罚五个,先净胜两个球的队伍赢得比赛。如果没有分出胜负,则依次罚球,直到分出胜负。点球决胜中安排罚球球员的顺序至关重要,胜负手应该安排在最后两轮。安排点球手时,会把精神属性强或者射门技术精湛的球员放在第一轮。

第三章 校园足球基本教法理论

无论是校园足球还是田径、体操等项目,无论是体育与健康还是语文、数学、英语等学科,在教学过程中,其教学活动均贯穿以一定的教学法则。教法从属于教学方法论,它是为了实现教学目标、完成教学任务,教师在从事教学活动中所采用的方法。校园足球是大众喜闻乐见的集体运动项目,而且发展校园足球是培养青少年人文素质和健康人格的重要教育手段,因此,研究其特定的教法是很有必要的。《体育与健康课程标准》根据学生身心发展特征、学习特点,按年级将基本教法理论划分为不同水平阶段。水平一:小学一、二年级;水平二:小学三、四年级;水平三:小学五、六年级;水平四:初中阶段;水平五:高中阶段。本章根据水平阶段的划分,分别从各阶段学生身心特点、适用教法、教法特点、教案示例、教法要求、教法建议六个方面进行阐述,以便为中小学体育教师在进行足球项目教学的过程中提供合理选择教法的参考依据。但需要注意的是,所有教法均可交叉使用,本章每一节中着重介绍一种教法,它是某水平阶段主要的适用教法,而非唯一可使用的教法,如水平一可采用游戏教学法、情景教学法等,水平二可采用情景教学法、比赛教学法等。

第一节 水平一基本教法理论

一、学生身心特点

处于水平一阶段的学生正处在生长发育初期,肌肉弹性差,小肌肉群发育较晚,骨骼、肌肉以及内脏器官发育不够完善。学生思维过程主要依靠具体形象,带有较强的依赖性和模仿性,不具有独立思考的能力,注意力很容易分散,对新鲜事物有着强烈的好奇心,且活泼好动。

二、适用教法

游戏教学法:在足球课堂中,为了使教学过程更具有趣味性,吸引学生主动参与课堂而采用游戏的手段进行授课的一种教学方式。游戏根据目的可分为活动性游戏和竞技性游戏。

除此之外,本阶段还可采用情景教学法、比赛教学法等,这些教学法将在后面的章节中进行详细介绍。

三、教法特点

1. 直观性

在进行游戏活动前,教师通常需要向学生介绍游戏方法和规则。面对低龄学生或游戏较为复杂时,一般会由教师或学生进行示范,使学生更好地理解游戏。因此,游戏教学法具有直观性的特点。

2. 趣味性

游戏教学法的本质是体育游戏,游戏能满足学生强烈的好奇心,激发学生的想象力和创造力,并在教学过程中创造轻松愉悦的教学环境,使学生主动投入课堂学习,因而极具趣味性。

3. 教育性

在足球课堂中,教师选择的游戏一般都具有教育意义,比如通过团队竞赛游戏培养学生团队协作精神、竞争意识、集体意识等,让学生不仅在游戏中感受乐趣,而且还从中受益。

4. 自由选择性

游戏的内容、方法、规则、区域等可以根据学情由教师设定,也可与游戏参与者协商设定,游戏过程不受外部约束。

四、教案示例

教案示例如表3-1所示。

表 3-1　脚背正面直线运球教学案例

教学内容	(学习课)脚背正面直线运球		
趣味热身	教学过程	教学方法	组织形式
	游戏名称:争夺宝藏 组织方法:全班学生分为人数相等的组别,每组有一块由标志桶围成的 10 米×10 米区域。任务是将足球运回本组区域,当中间的球全部运走后可去其他组抢夺 要求: 1. 每组每次派一人运一球 2. 体验运球部位、方法、力量	分组教学:按照综合水平能力进行同质分组 游戏教学法:通过"争夺宝藏"游戏,学生初步体验直线运球,达到热身效果,并在游戏中感受乐趣	
技术体验	教学过程	教学方法	组织形式
	一、脚背正面直线运球练习 1. 教师讲解示范 2. 脚背正面运球练习 二、往返接力运球游戏 全班分组排队,一组一球。从起点出发,当教师喊"开始"时,每组排头组员快速运球至终点,返回起点将球停下,与第二位组员击掌。下一位组员再运球至终点,以此类推,直至最后一位组员结束。用时最短的队伍获胜	提问:在争夺宝藏时,大家用什么部位运球?如何快速运球? 示范讲解:侧面示范。脚跟提起,脚尖下垂,用正脚背推拨球 分组教学:按综合水平能力同质分组 游戏教学法:通过接力比赛游戏检验学生技术练习成果	

续表

教学内容	(学习课)脚背正面直线运球		
实战练习	教学过程	教学方法	组织形式
	4V4对抗：分组、分区域地进行4V4对抗，在比赛规定场地将球运至对方白线以内区域才能射门	比赛教学法：激励学生在比赛中尽可能多地运用脚背正面运球技术	
教学建议	1. 根据学生技术水平和身体素质差异进行分层教学，有针对性地设置教学目标 2. 技术体验环节的动作讲解应使用通俗易懂的语言，切忌过于专业化和长篇大论 3. 游戏次数可根据学生情绪和课堂时间适当调整		

五、教法要求

针对处于水平一阶段的学生，应以游戏教学法为主要教学法。学生通过参与游戏体验足球的乐趣，初步锻炼身体基本活动能力。在使用该教法时，教师应选择与课堂主题关系密切的游戏，目的要明确，即热身或巩固所学技术。内容、方法、规则的选取和确定需考虑学生实际情况。一般游戏次数不要超过三次，以免学生产生倦怠情绪。应尽量避免使学生产生恐惧、惊慌等畏难情绪。

六、教法建议

1. 直观

水平一的学生以形象思维为主导，善于模仿。在使用游戏教学法时，教师讲解完游戏方法后，要进行示范，以便学生更好地理解游戏。

2. 有趣

给学生营造一个良好的游戏情境，设置的游戏符合学生身心特点，这样才可以让学生产生参与的兴趣,激发学生产生积极的心理倾向,使其得到心理满足,从而获得良好的教学效果。

第二节 水平二基本教法理论

一、学生身心特点

水平二的学生的身体力量、灵敏度、速度素质与水平一的学生相比有了很大提升。其模仿能力强,好奇心强,爱展现自我,且具有一定的观察能力,但自我约束能力差。学生乐于参加一些情境类、角色扮演类、游戏竞赛类等活动。

二、适用教法

情境教学法:在足球课堂中,教师根据教学内容、教学目标和学生的身心特点,给学生营造具有一定情绪色彩的,以生动具体的形象为主体的场景,使学生仿佛身临其境,从而帮助学生理解教材和教学内容,并使学生的心理机能也得到发展的教学方法。创设的情境可以是音乐情境、形象情境、问题情境,也可以是虚拟情境等。

三、教法特点

1. 形象真切

情境教学与现实生活有着密切联系,但它不是简单机械的重复,而是以简化的形象与现实相对应,从而拉近学生与教学内容的距离。

2. 意境深远

情境教学可以充分发挥学生的想象力,让学生在教师营造的情境中获得真切的情感情绪体验。

四、教案示例

教案示例如表3-2所示。

表 3-2　脚内侧传球教学案例

教学内容	(复习课)脚内侧传球		
	教学过程	教学方法	组织形式
趣味热身	游戏名称：狩猎 组织方法： 在一个直径为15米的圆圈内，全员分为两组。一组为"狩猎者"，另一组为"狼群"。(1)准备："狩猎者"持球，站在圆圈的外围，"狼群"分散于圆圈场地内。(2)开始："狩猎者"在场外运球，伺机用球踢中"狼"。被击中的"狼"需要做下蹲5次方可"复活" 规则： 1. 被围猎的"狼群"均不得跑出游戏区 2. 使用脚内侧踢球，只准用球击对方的腿部	游戏教学法：通过"狩猎"游戏，让学生回顾上节课所学的脚内侧传球技术，并达到热身效果 情境教学法：本环节创设的是"狩猎"的形象情境，让学生分别扮演猎人、狼，在紧张刺激的情境中进行脚内侧传球技术的练习，同时达到热身效果	
	教学过程	教学方法	组织形式
技术体验	一、脚内侧传球 组织方法：两人一组进行传球练习 二、接力游戏 组织方法：脚内侧传接球接力比赛，组织形式如图所示。比赛开始，教师发出口令并计时，2分钟内完成次数最多的队伍获胜	重复练习：巩固传球技术 游戏教学法：在小组接力游戏的过程中，体验团队协作与竞争	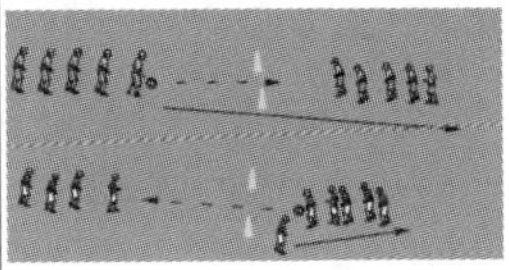

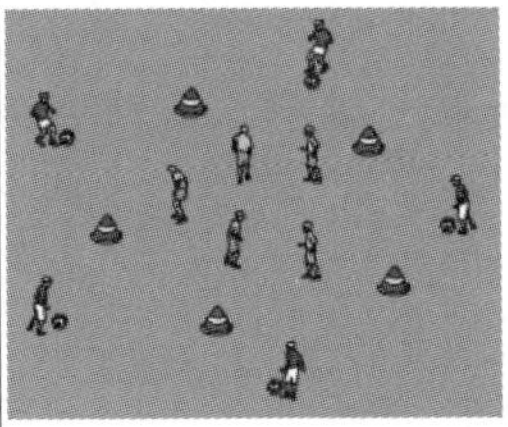

续表

教学内容	(复习课)脚内侧传球		
实战练习	教学过程	教学方法	组织形式
	4 V 4 比赛:分组、分区域地进行 4 V 4 比赛,与同伴连续传球达到 6 次即可得分	比赛教学法:鼓励学生在比赛中多与同伴传球,将所学内容在比赛中展现出来	
教学建议	1. 进行"狩猎"游戏时,提醒学生注意安全,把握好踢球的力度 2. 技术部分的比赛可以根据学生脚内侧传球技术的掌握情况考虑是否转换成有较小的对抗的比赛		

五、教法要求

本阶段注重学生球感的培养,注重学生技术运用的合理性,注重学生基础战术意识的培养。针对该目标和本阶段学生的身心特点,教法应以游戏法和比赛法相结合为主,适当采用情境教学法。这些教法要求教师有非常好的课堂组织能力、良好的语言能力和沟通技巧。在比赛和游戏中,应确保公平公正、难度适中、目的明确。在情境教学过程中,情境要适应学生的知识基础、认识水平、生活实际和年龄特点。情境创设应注重交流与合作,且不要仅限于单一类型,应不断创新,丰富多样。

六、教法建议

(1)情境教学法仅适用于儿童及小学低、中年级的教学。
(2)面对同一教学主体,教师不要只重复运用同一类型的单一情境,要不断变化以引起学生的兴趣。

第三节 水平三基本教法理论

一、学生身心特点

水平三的学生属于少年,各方面处于半成熟期。这个时期学生的个体差异相较于水平一、水平二的学生表现得更为明显,一般表现为男生好动、女生文静,且兴趣上存在较大差异。学生思维处于从具体到抽象的过渡时期。学生对事物的好奇程度高,注意力、记忆力处于成熟阶段,竞争意识强。

二、适用教法

探究教学法:教师引导学生自主学习、发现问题、积极探索并形成探究问题和思考问题的能力的一种特定的教学法。探究教学法是一种具有间接传播性的教学形式,有利于培养学生的自主性和创造性。

三、教法特点

1. 以问题为核心

探究教学法是在教师的引导下,让学生自主学习,发现问题,寻找答案。使用探究教学法,关键在于对于学生而言,提出的问题能不能探究,值不值得探究。

2. 以学生为主体

探究活动过程中要求学生充分发挥其积极性和主动性,大胆质疑,通过主动探究和积极思考,重新构建新的认识。

3. 问题具有真实性

探究的问题是联系生活实际的,与学生息息相关的,在学习过程中会遇到的问题。

四、教案示例

教案示例如表 3-3 所示。

表 3-3　脚背停空中球教案示例

教学内容	（新授课）脚背停空中球		
	教学过程	教学方法	组织形式
趣味热身	一、球性球感 组织方法：一人一球，自主练习脚背正面颠球 二、脚背停空中球 一人一球，自抛自接练习	探究教学法： 1. 体会脚背颠球与脚背停空中球的异同 2. 体会接球时脚对球的控制	
	教学过程	教学方法	组织形式
技术体验	脚背停空中球动作方法：脚背正面主动上迎下落的球，接球脚与球同步下落做缓冲 1. 两人一组近距离抛接球，一人抛球，一人用脚背正面接停球 2. 两人一组远距离互传高空球，用脚背正面停球	探究教学法： 1. 最佳触球部位 2. 如何将球停在合理范围内 讲解示范： 1. 进行脚背停空中球完整示范 2. 讲解要点：落点判断、触球下撤缓冲 分组教学：异质分组	
	教学过程	教学方法	组织形式
实战练习	5 V 5 比赛：比赛中多传高空球，用脚背正面停球。当出现界外球或球门球时，用手抛球，以同伴脚背正面停球的方式恢复比赛	比赛教学：让学生在接近真实比赛的场景中，通过限制恢复比赛方式和鼓励出现空中球，大胆使用脚背正面停球技术，以便学生有针对性地练习	
教学建议	比赛的限制性规则应在学生较好地掌握踢高空球技术的前提下设置，教师应根据学生实际水平设置比赛规则		

五、教法要求

小学高年级学生的心智相较低、中年级学生而言更趋向于成熟,因此儿童化的游戏教学法、情境教学法不再适用,教师应选择更符合该水平学生身心发展特点的探究教学法、比赛教学法等方法进行教学。探究教学法多用于技术动作的教学,要求教师创设一个有利于学生进行探究发现的良好情境。探究的问题要符合认知规律。教师严密组织教学,积极引导学生的发现活动,帮助学生找到解决问题的办法,最后使其掌握技术动作。

六、教法建议

(1)教师需要根据学生的认知水平、能力等因素合理设置探究的问题,不具备挑战性的、不能引起学生兴趣的、形式主义的探究都是没有意义的。

(2)在探究发现的过程中,当学生给出错误的答案时,教师也要及时给予鼓励,并肯定学生主动思考的积极态度。

(3)在探究发现的过程中,教师随时启发、引导学生,以便用最短的时间获得最佳教学效果。

第四节　水平四基本教法理论

一、学生身心特点

初中生年龄一般在12～15岁,他们处于青春期,身高迅速增长,体重增加,心脏、肺、肌肉等的生理机能逐渐成熟,智力进入发展的黄金时期,思维活跃,反应迅速,观察力和记忆力明显增强,容易接受新鲜事物,而且在心理上产生强烈的独立意识。

二、适用教法

程序教学法:将某一完整的技战术按一定逻辑顺序分解成若干个单元,教师带领学生逐一进行学习,直至学生完全掌握该教学内容的教学法。

小团体教学法:在体育教学中,让学生自主加入各个小团体,以学生互帮互学为表现形式,来提高学生的学习主动性和学习的质量,并达到对学生进行社会性培养目的的一种教学法。

三、教法特点

(一)程序教学法的特点

1. 自定步调

程序教学法不要求学生按照统一的教学进度学习,而是让学生按照自身的学习情况自定步调来学习。

2. 错误率低

由于程序教学法将完整的技术动作分成若干个学习单元,因此根据实际学习情况,对于学生学习困难的单元,教师会进行相应调整,使学生尽可能地做出正确反应,从而降低错误率。

(二)小团体教学法的特点

1. 责任分工明确

小团体教学法使学生以小组的形式进行合作学习,学生充分参与小组成员间的互动,组内成员明确的责任分工是对学生参与课堂学习机会的分配,让学生在团体中发挥各自的作用。

2. 自主性较强

学生可以自主选择加入一个团体,在学习的过程中,学生自主学习,个体与小团体其他成员共同探讨,可以充分发挥个人的主动性和创造性。

四、教案示例

教案示例如表3-4所示。

表 3-4　运球过人教案示例

教学内容	(新授课)运球过人			
趣味热身	教学过程		教学方法	组织形式
趣味热身	一、一人一球绕足球场带球两圈 二、球性球感练习 1. 行进间的单个动作练习:拉球、拨球、扣球 2. 行进间组合动作练习:拉—拨、扣—拨 要求:重心低、脚步灵活、触球动作灵活		讲解示范:教师向同学们讲解组合动作的练习方法,并做示范 重复练习:学生对拉球、拨球、扣球以及组合动作进行重复练习,达到熟悉球性、热身的效果	
技术体验	教学过程		教学方法	组织形式
技术体验	学习假动作过人 步骤: 1. 无球模仿性练习 2. 原地结合球进行假传、假射、假突等假动作 3. 设防守标志物,做行进间的假动作练习 4. 一对一运球突破对抗练习		小团体教学法:学生自愿加入各学习小组,要求人数均等,教师适当调整,达到异质分组的效果。每小组民主选择一位组长,教师宣布教学安排。在前半部分,教师讲解示范,使学生初步理解假动作过人技术方法,后半部分由小组长带领小组成员自主练习 程序教学法:自主练习,当学生能够较好完成第一个步骤的任务时,通过教师评价、学生互评得到肯定后,进入下一个步骤的学习	

续表

教学内容	（新授课）运球过人		
实战练习	教学过程	教学方法	组织形式
	小场对抗： 1. 各小组内部进行小规模对抗 2. 小组之间组织对抗	小团体教学法：教师适当修改规则，学生通过组内的对抗强化巩固假动作技术，通过组间对抗赛展示小组学习的成果	
教学建议	可根据学生实际掌握情况调整教学进度，可专门留出一到两个课时用于各小组间的比赛展示		

五、教法要求

（一）程序教学法的要求

程序教学法适用于对知识技能掌握程度要求较高的学习内容。由于技战术本身的复杂性，它要求教师要适当分解问题，合理细化步骤，明确每一步的教学目标，以便学生在学习过程中做出积极反应；教师应对学生的学习结果做出及时反馈，从而使学生的技战术掌握更加牢固。

（二）小团体教学法的要求

小团体教学法不仅仅只是一堂课运用到的教学法，它需要至少一个完整的教学单元去支撑。通过小团体教学要达到的团体凝聚力较强、成员相互学习合作的状态，需要一定时间的积累。在小团体教学过程中，要求团体的每一位成员都承担一定的角色和任务。团体成员在完成教师规定的教学内容的同时，练习的侧重点会根据团体目标而有所不同。而团体目标需要通过组内讨论决定，在此过程中，体育骨干要充分发挥其作用。小团体的学习形式要从由教师指导性较强的小组学习形式转变为以学生主体性较强的小组学习形式。

六、教法建议

程序教学法将完整的知识结构进行分解，不利于学生掌握知识结构的全貌，因此教师需要考虑综合运用几种教学方法，既发挥程序教学法把握细节的优势，又保证学生能够掌握知识结构的全貌，并在实际比赛中应用。

第五节　水平五基本教法理论

一、学生身心特点

水平五的学生年龄一般为16～18岁，该阶段学生骨骼的骨化过程仍在进行，肌肉和体力的增长较快，身高、体重和内脏器官的机能已逐渐接近成人。学生的注意力更加持久，思维的独立性和批判性有明显的发展。学生有强烈的求知欲。

二、适用教法

（一）领会教学法

领会教学法是指以足球本身的特性及战术意识为重点进行教学，使学生在领会足球技战术本质规律和内在联系的基础上，体验运动快乐，增强运动兴趣，并提高自身的技战术水平，领会所学的知识技能。

（二）案例教学法

案例教学法是指围绕教学目标，教师将真实情景加以典型化，形成一个案例，促使学生通过观察、思考、讨论对某一概念形成一定了解，从而提高学生思考问题和解决问题的能力。

三、教法特点

（一）领会教学法的特点

1. 强调战术意识

足球教学不能只停留在足球技术上，而要将其转化为技能运用于比赛，领会教学法能让学生在练习过程中充分感受比赛氛围,从而进行战术意识上的锻炼。

2. 注重发展学生认知能力和兴趣

传统教学方法着眼于技术动作练习,而领会教学法通过场上位置、有效跑动、球的合理转移线路等一系列教学实践促进学生了解足球的运动特征,发展学生的认知能力,并激发学生的兴趣。

(二)案例教学法的特点

1. 具有真实性

教师为学生提供的案例通常来源于足球赛事的某一场景片段或平时课堂中的教学场景,具有真实性。

2. 针对性强

场景典型化的过程就是不断加强该案例的针对性的过程,一个案例只针对一个教学主题,只解决一个问题。

四、教案示例

教案示例如表 3-5 所示。

表 3-5 中前场防守中的快速反击教案示例

教学内容	(学习课)中前场防守中的快速反击		
	教学过程	教学方法	组织形式
趣味热身	抢圈 2 V 4:6 人一组抢圈,2 抢 4 要求:圈上 4 人 10 次触球后,仍未抢断到球的做一个俯卧撑,俯卧撑成倍依次累加	游戏:通过抢圈游戏达到热身效果,同时激发学生防守的积极性,从而引出本节课的主题	

教学内容	(学习课)中前场防守中的快速反击		
	教学过程	教学方法	组织形式
战术体验	中前场防守中的快速反击 一、限制性教学比赛由攻转守时,若处于对方半场,只允许就近一名队员回防,进攻方必须在5次触球内完成射门,否则交换球权 二、分组战术演练 中前场防守中的快速反击的攻防演练,注意在半场内完成攻防转换,前锋得球后突破射门	领会教学法:通过限制规则使得中、前场快速反击的场景反复出现,结合实战体验使学生对本节课的主题形成深刻理解,教师选择合适时机对中、前场的快速反击战术要点进行归纳总结,进一步提高学生领会水平	
	教学过程	教学方法	组织形式
实战练习	一、5V5+1比赛 进攻方必须在5次触球内完成射门,否则进行攻防转换,听到哨音立马转换球权 二、截取学生比赛中典型的快速反击片段进行演示并提出问题:快速反击失败的原因在哪里?	案例教学法:在明确本次案例和问题后,教师引导学生积极思考、分析、讨论,并得出结论。在此基础上,教师组织学生还原比赛场景,再次做出决策,继续完成快速反击	
教学建议	1. 截取的片段可以通过视频播放、战术板或真人模拟等多种形式进行演示 2. 根据学生掌握的情况,调整教学进度		

五、教法要求

（一）领会教学法的要求

领会教学法的第一步就是比赛概述，这就要求教师在运用领会教学法时，根据实际情况合理进行教学设计，以学生最能理解的方式进行科学展示。教师应在学生掌握基本技战术的基础上，充分考虑学生特点，引导学生学习，因材施教，使每个学生在自身能力和个人需求的范围内尽可能地掌握知识技能，以实现教学目标。

（二）案例教学法的要求

教师选取的案例十分重要，既要符合教学目标的要求，又要有较强的实用性，同时还要紧跟形势，满足学生的兴趣需求。整个教学过程要求学生积极思考和交流，从而总结出一定的理论知识并将其运用于实践。因此学生的积极参与非常重要，教师要引导学生将思考问题的思路和方法说出来，要让学生意识到学习案例和思考问题的重要性。

六、教法建议

（1）由于领会教学法偏重于战术意识与决策能力的培养，难免会忽略基础技战术的练习，因此教师需要根据教学目标，适时调整教学方法的使用。

（2）案例教学法不仅可用于技战术的教学，而且可以用于足球裁判教学。案例教学法注重学生分析、讨论的环节，教师应多安排有针对性的实践活动。

第六节　普适基本教法理论

在第一节至第五节当中，根据不同水平阶段分别介绍了游戏教学法、情境教学法、探究教学法、程序教学法、小团体教学法、领会教学法和案例教学法。本节将对所有水平阶段都适用的教学法进行介绍，分别是游戏教学法、比赛教学法、完整教学法。其中，游戏教学法既是所有阶段都可采用的教学法，同时也是水平一的主要教学法，已在第一节中详细介绍，此处不再赘述。

一、适用教法

(一) 比赛教学法

比赛教学法是为了获得理想教学效果,在实战比赛环境下,完成某种技战术练习的教学方法。

(二) 完整教学法

完整教学法是对技术动作或战术不分部分和阶段,完整地进行教学的教学方法。

二、教法特点

(一) 比赛教学法的特点

1. 参与性强

在比赛中,人人都参与,每个学生在足球比赛场上承担着不同的责任,学生的参与性很强。

2. 竞争性强

学生在比赛的过程中能够保持较好的兴奋状态,同时比赛的竞争性能够激发学生的好胜心,更有利于教学目标的实现。

(二) 完整教学法的特点

1. 保持动作的完整性和连贯性

完整教学法力求动作完整,不会破坏动作的内在联系和结构,有利于学生对技术动作建立全面的认识。

2. 适用于简单技术动作的教学

完整教学法对简单技术的教学能够起到很好的作用,但对较为复杂、难度较大的内容,仅采用完整教学法教学很难使学生掌握。

三、教案示例

教案示例如表 3-6 所示。

表3-6　1 V 1＋X 射门教案示例

教学内容	1 V 1＋X 射门		
趣味热身	教学过程	教学方法	组织形式
趣味热身	游戏：3 V 1抢圈 4人一组抢圈，自由组合。当球被抢球者抢断，则抢球者与被抢断者交换位置	讲解与示范：教师讲解游戏方法与游戏规则，请一组学生进行游戏示范 游戏教学法：通过抢圈游戏唤醒身体机能，激发学生的兴趣，将学生的注意力吸引到课堂上来	
技术体验	教学过程	教学方法	组织形式
技术体验	1 V 1＋X 射门 　全班分组，每组8人，分红、灰两队。灰队第一名球员持球进攻射门。左右两边各有一名灰队队员可传接球，不允许进入场内。当持球队员开始进攻时，左侧一名红队队员进入防守状态，任务是破坏进攻。当灰队4人全部完成进攻后，红、灰两队攻防角色和位置互换	完整教学法：在教师的引导下，学生进行完整的1 V 1＋X 射门练习的示范。学生仔细观察，按照分组到相应区域自主练习，教师巡回指导 领会教学法：通过限定规则使学生处于1 V 1＋X 场景下进行多次尝试与决策，从而领会战术要点	

续表

教学内容	1V1+X 射门		
实战练习	教学过程	教学方法	组织形式
	5V5比赛	比赛教学法:要求学生将1V1+X练习运用于比赛。比赛中常出现1V1的场景。鼓励进攻队员多与同伴做传接配合,以创造空当,突破对方防守,并完成射门	
教学建议	本次教学内容和组织形式适用于有一定传接球基础且处于初步培养足球战术意识阶段的学生		

四、教法要求

(一) 比赛教学法

当采用比赛教学法时,首先教师应明确教学目的。如在教学性比赛中,应提高得分率,增加练习的机会;在检验性比赛中,教师要减少干预。其次,教师需要对比赛规则做出适当的调整,可通过简化规则、减小或加大比赛难度激发学生的积极性,也可依据教学主题改变规则,引导学生在比赛中重点完成某些技术动作。最后,学生的技能水平、性别差异、个性特点均是在运用比赛教学法时教师需要考虑的。教师在分队时要考虑各队实力,尽量使各队人员实力均衡,都有机会获得胜利。

(二) 完整教学法

完整教学法顺应足球的本质规律,技术动作质量的评定在于其实用性,而非动作完成是否标准。运用完整教学法时,教师并不要求学生能够立即掌握完整的、完全正确的技术,而是在完整练习的过程中,有不同要求和侧重点,直至学生逐渐掌握技术动作,并在实战中将其转化为运动技能。

五、教法建议

(1)比赛教学法是一种教学效果很好的方法,在足球教学中,所有学习过的技战术最终都要通过比赛来呈现。但在运用比赛教学法的过程中,教师也要注意一些问题,比如安全问题,同时需要熟练掌握规则,做好裁判工作,避免出现错误。此外,教师还应注意比赛教学法与其他教学法的结合。

(2)在实际教学中,教师要根据不同条件和不同阶段,综合运用完整教学法和分解教学法,在进行动作分解后,应更加注意动作的完整性和连贯性。

第四章 足球比赛规则与裁判法

第一节 十一人制足球比赛

一、对比赛场地和球的要求

（一）比赛场地

十一人制足球比赛场地如图 4-1 所示。

十一人制足球比赛场地上有"四线、三区、二点、一圈一弧"。

1. 四线

四线即球门线、中线、边线和端线。

1) 球门线

球门线除了可以用于判定足球是否进门以外，还有一个作用，就是在罚点球时，被处罚队的守门员双脚必须站在球门线上。

2) 中线

在中圈开球时，双方球员在开球前必须站在本方半场内，不得超过中线；在本方半场内，就不存在越位犯规。

3) 边线与端线

边线与端线用于确定球场四周的范围。按规定，线的宽度为 12 厘米，线宽所占面积包括在球场面积之内。

2. 三区

三区指罚球区、球门区和角球区。

1) 罚球区

罚球区在比赛中的作用如下。

（1）守方球员若在罚球区内犯规，其犯规性质若应被判罚直接任意球，则应由攻方罚点球。

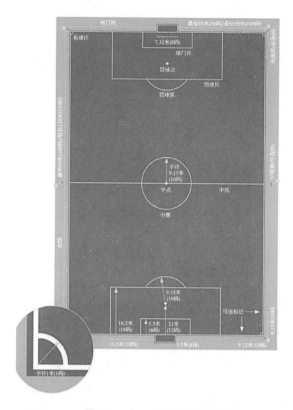

图 4-1　十一人制足球比赛场地

（2）守方在本方半场罚球区内罚任意球和球门球时，主罚球员必须直接将球踢出罚球区，比赛方能继续进行。如果球在滚出罚球区前被任意一名球员碰触或停止行进，则必须重新罚球。

（3）球在本方罚球区内时，允许守门员用手触球。守门员若在罚球区外用手触球，则与其他球员一样被判手球犯规。

（4）在罚点球时，只允许守方的守门员和攻方的主罚球员在罚球区内。双方的其余球员都必须在罚球前退出罚球区（但应站在场内），待主罚球员将球踢出后方可进入，比赛继续进行。

2）球门区

球门区在比赛中的作用如下。

（1）在球门区内，守门员手中无球又无阻碍对方球员行动时，对方球员不得进行合理冲撞。

（2）踢球门球时，球必须放定，且可将球放在球门区的任意位置。

（3）如球员在对方球门区内犯规，则这个任意球可从对方的球门区内任意地点踢出。

3）角球区

足球场四周的小扇形区域叫作角球区，如图4-2所示。当球员踢角球时，必须将球的整体放定在出球门线时最接近的角球区内。

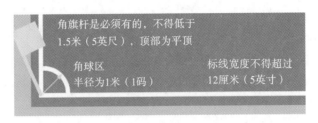

图4-2 角球区

3. 二点

二点即罚球点和中点。

1）罚球点

在球门线中点前11米处的一个圆点为罚球点，它是罚点球时放球的位置。

2）中点

中点是球场的中心，是上下半场比赛开始或射入一球后比赛重新开始时开球的放球位置。

4. 一圈一弧

一圈一弧即中圈和罚球弧。

1）中圈

球场中间的圆圈称为中圈。中圈开球时，对方球员不得事先进入中圈。

2）罚球弧

罚球区外面的圆弧称为罚球弧。在罚点球时，除守方守门员和主罚球员外，双方其他球员都必须退出罚球区及罚球弧外。

（二）球

所有比赛用球必须为球形，由合适的材料制成。球的圆周长为68～70厘米，重量为410～450克，气压为0.6～1.1个海平面（标准）大气压力。

二、比赛队员及其装备

1. 比赛队员

一场比赛应由两队参加，每队场上最多11人。场上队员中必须有一人为守门员,场上至少有 7 人才能开始或继续比赛。

在换人时要注意:只有赛前列入替补队员名单的队员才可以替换。替换前必须通知裁判员,在比赛停止时得到裁判员许可的情况下完成替换。被替换下场的队员必须从最近的边界线处离场,除非裁判员另有指示。在换守门员时,必须先告知裁判员。

2. 队员装备

上场队员不得使用或佩戴具有危险性的装备或任何物件,包括任何材质的珠宝首饰。允许佩戴不具有危险性的保护器具,如软性、轻质材料制成的头罩、面具、护膝和护臂,以及守门员球帽和运动眼镜,等等。

必备装备包括:有袖上衣、短裤、护袜、护腿板和运动鞋。一方队员的着装颜色必须区别于对方球队和比赛官员。上衣内衣颜色与衣袖主色相同;内衬裤、紧身裤颜色必须与短裤主色或短裤底部颜色相同。同队的场上队员的服装必须颜色统一。

第二节 足球比赛的判罚

每场比赛由一名裁判员掌控,他有全部权力去执行与比赛相关的竞赛章程。裁判员根据比赛相关事实所做出的决定,包括进球与否、比赛的结果等,都是最终的决定。比赛双方必须无条件地尊重裁判员及其他比赛官员的决定。

足球比赛对抗激烈,裁判员需要根据场上的犯规行为迅速而果断地做出自己的判断。

一、定位球的判罚

1. 直接任意球与间接任意球

1) 直接任意球

如果裁判员认为,一名场上球员草率地、鲁莽地或使用过分力量对对方球员实施如下犯规,则判罚直接任意球:

(1) 冲撞(见图 4-3)。

但如下情况为合理冲撞:

①冲撞的目的必须是控球或抢球,球必须在球员可控制的范围之内;

②冲撞时,人必须向球跑动,必须以球作为目标;

③冲撞时,臂部必须紧贴自己上体体侧,不得张开;

④冲撞的力量要适当,不得用力猛撞或做带有危险性的动作。

(2) 跳向(见图4-4)。

图4-3 冲撞

图4-4 跳向

(3) 踢或企图踢(见图4-5)。

(4) 推搡。

(5) 打或企图打。

(6) 用脚或其他部位抢截(见图4-6)。

图4-5 踢或企图踢

图4-6 用脚抢截

(7) 绊或企图绊(见图4-7)。

2) 间接任意球

如果场上一名球员有如下行为,则判罚间接任意球:

(1) 以危险方式进行比赛(见图4-8)。

(2) 目的不在于争抢球且球不在其控制范围内时,用身体故意阻挡对方球员行动的犯规,如图4-9所示。

图 4-7 绊或企图绊

图 4-8 以危险方式进行比赛

图 4-9 用身体故意阻挡

（3）以语言表示不满，使用具有攻击性、侮辱性或辱骂性的语言或动作，或其他口头的违规行为。

（4）在守门员发球过程中，阻止守门员从手中发球、踢球或准备踢球。

（5）守门员在发出球前用手控制球超过 6 秒。

（6）守门员发出球后，在任一场上球员触球前用手触球。

（7）守门员用手接同队球员故意回传的球。

（8）守门员用手接同队球员直接掷来的界外球。

2. 罚点球

（1）球必须放在罚球点上。

（2）必须明确主罚球员。

（3）守方守门员必须停留在球门柱之间的球门线上，面向主罚球员，直至球被踢出。

（4）主罚球员和守门员以外的其他场上球员必须：

①距离罚球点至少 9.15 米；

②位于罚球点后；

③位于比赛场地内；

④位于罚球区外。

(5) 主罚球员必须向前踢球,允许使用脚后跟踢球,只要使球向前移动即可。
(6) 当球被踢且明显移动时,比赛即恢复。
(7) 主罚球员在其他球员触及球前不得再次触球。
(8) 当罚点球时,守门员不能站在球门线的前面或后面,必须至少有一只脚的一部分在球门线上或与球门线齐平(例如在球门线上跳跃)。

3. 界外球

(1) 在掷出球的瞬间,掷球球员必须:
①面向比赛场地;
②至少一只脚的一部分在边线上或在边线外的地面上;
③在球离开比赛场地的地点,用双手将球从头后经头顶掷出。
(2) 所有对方球员必须站在距离掷球地点至少 2 米的位置。
(3) 当球掷入比赛场地内时,比赛即恢复。
(4) 掷球球员在其他球员触球前不得再次触球。
(5) 界外球不能直接掷进球门得分,如果直接掷进对方球门则判为球门球,如果直接掷入本方球门则判为角球。

4. 球门球

(1) 罚球门球的程序如下:
①球必须放定,由守方球队中的一名场上球员在球门区内任意位置踢球;
②当球被踢且明显移动时,比赛开始,不必等到球离开罚球区;
③对方球员必须处在罚球区外,直到比赛恢复。
(2) 球门球可以直接射入对方球门得分,如果球门球离开罚球区后直接进入踢球球员本方球门,则判给对方角球。
(3) 当球门球被踢出时,如果由于没有足够的时间离开,对方其他球员处在罚球区内,裁判员应允许比赛继续进行;当球门球被踢出时,如果对方其他球员处在罚球区内,或在比赛恢复前进入罚球区,触及球或争抢,应重踢球门球。
(4) 若比赛已经恢复,踢球球员在其他球员触及球前再次触球,则判罚间接任意球。

5. 角球

(1) 罚角球的程序如下:
①球必须放在球越过球门线时最接近的角球区内;
②球必须放定,由攻方球队中的一名场上球员踢球;
③当球被踢且明显移动时,比赛即恢复;
④不得移动角旗杆;
⑤对方球员必须距角球弧至少 9.15 米,直到比赛恢复。

(2)角球可以直接射入对方球门得分；如果角球直接射入踢球球员本方球门，则判给对方角球。

(3)如果比赛已经恢复，踢球球员在其他球员触及球前再次触球，则判罚间接任意球。

二、犯规行为的处罚

裁判员对犯规行为的判罚包括三个程度的处罚。

1. 劝诫

下列违规行为通常应受到劝诫，如果反复或明目张胆出现，将被警告或罚令出场：

(1)不与比赛官员合作，无视助理裁判员或第四官员的指示和要求。

(2)对某个判罚决定有轻微、较低程度的异议(以口头或行动的方式表达)，偶尔离开技术区域，且没有出现其他违规行为。

2. 黄牌警告

黄牌警告应警告的违规行为包括但不限于：

(1)明显、持续地忽视技术区域限制；延误本队重新开始比赛；故意进入对方技术区域(非对抗性，未引发冲突)。

(2)以言语或行动表示异议，包括投掷或踢饮料瓶或其他物体。

(3)做出明显不尊敬的手势，例如讽刺的鼓掌。

(4)过分、持续做出黄牌或红牌的手势；做出具有挑衅性、煽动性的动作或行为。

(5)持续做出不可接受的行为，包括反复被劝诫。

(6)缺乏对比赛的尊重。

3. 红牌警告

红牌警告即罚令出场，应罚令出场的违规行为包括但不限于：

(1)延误对方球队重新开始比赛，例如，持球不放、将球踢走、阻碍对方队员移动、故意离开技术区域。

(2)对比赛官员表示不满或抗议，表现出具有挑衅性、煽动性的行为。

(3)进入对方技术区域(持对抗性的态度或引发冲突)。

(4)故意向场内投掷、踢物品。

(5)暴力行为。

(6)进入比赛场地，与比赛官员对峙(包括在半场结束或比赛结束后)。

(7)干扰比赛或比赛官员。

(8) 向对方场上球员、替补球员、球队官员、比赛官员、观众或其他人做出肢体接触或攻击性行为(包括吐痰或咬人)。

(9) 在同一场比赛中受到第二次黄牌警告。

(10) 使用具有攻击性、侮辱性或辱骂性的语言或做出此类动作。

(11) 使用未经授权的电子或通信设备以及因使用电子或通信设备而做出不正当的行为。

三、越位的判罚

明白什么是越位位置是判罚越位的前提。在对方半场内(不包括中线),某球员的头、躯干或脚的任意部位相较于球和对方倒数第二名球员更接近对方球门线,则该球员处于越位位置。所有球员包括守门员的手和臂部均不在越位位置判定范围内。但值得注意的是,处于越位位置并不意味着越位犯规。

一名球员在同队球员传球或触球的一瞬间处于越位位置,该球员随后以如下方式参与了实际比赛,才被判罚越位犯规:

(1) 干扰比赛。

(2) 干扰对方球员。

(3) 获得利益。

关于越位的补充说明如下:

(1) 在本方半场内没有越位。

(2) 球门球、界外球、角球没有越位。

(3) 处于越位位置的球员在对方球员有意触球(任意对方球员救球除外)后得球,不被视为获得利益。

(4) 如果出现越位犯规,则在越位发生的地点判罚间接任意球。

第三节 五人制足球比赛

五人制足球是足球比赛中的一个变种,英文为"indoorfootball",即"房间足球",大部分五人制足球比赛是在室内场地举办的。与十一人制足球比赛相比,五人制足球比赛采用较小的比赛场地,使用较小的球门,使用不同标准规格的足球,缩短了比赛时间。

本节将重点对五人制足球比赛特有的规则进行说明。

一、比赛场地

五人制足球比赛场地如图 4-10 所示。

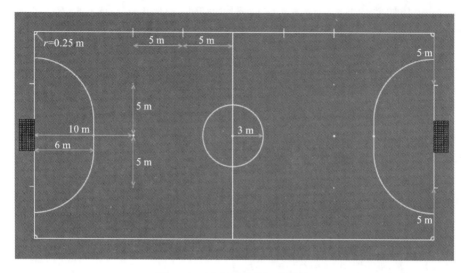

图 4-10 五人制足球比赛场地

1. 罚球区

罚球区指两圆弧、圆弧连接线与球门线所围绕的区域。两圆弧为以球门柱为圆心向场内所画半径 6 米的圆的四分之一圆弧,两圆弧连接线平行且距球门线 6 米。罚球区如图 4-11 所示。

2. 第二罚球点

第二罚球点位于中点与球门线中点的假想连线上,并距离球门线中点 10 米。

3. 替换区

替换区设在双方替补席前面的边线外。两替换区分别位于技术区域前,长度为 5 米,由两条 80 厘米(其中 40 厘米在场内,40 厘米在场外)长、8 厘米宽的直线标记。替换区位于计时台前距中线两侧各 5 米处,且保持畅通。一个球队的替换区位于该队半场防守一侧,在比赛下半场或加时赛下半场交换。替换区如图 4-12 所示。

二、比赛队员与替换

一场比赛应由两队对抗,每队上场球员不可多于 5 人,其中一人是守门员,守

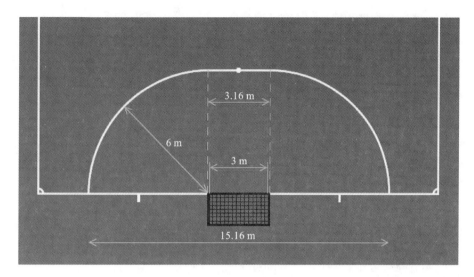

图 4-11 罚球区

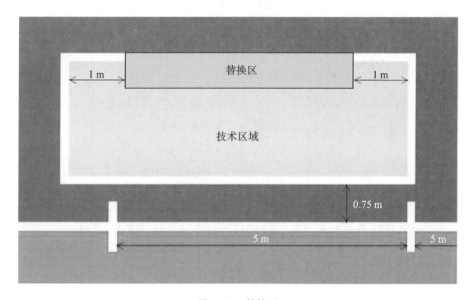

图 4-12 替换区

门员可以和己方任意其他球员交换位置。替补球员至多为 7 人。

在比赛过程中,无论"死球"还是"活球",皆可替换球员。替换球员的相关规定如下:

(1) 在比赛时,替换球员的次数没有限制。一名已经替换出场的球员,可以再进场替换另一名球员。

（2）球员离开球场时，必须经由自己球队的替换区离开。

（3）球员进入球场时，也必须经由自己球队的替换区进入，但是应等到离场球员完全越过边线时，才可进场。

（4）替补球员无论是否上场比赛，都应服从裁判员的判决及管辖。

（5）当替补球员进入球场时，即完成替换。此时，替补球员成为比赛球员，被替补球员即失去比赛球员身份。

三、裁判员

每一场比赛由一位裁判员控管全场。从裁判员进入球场所在地开始，直到离开为止，裁判员对于被指派的比赛，有资格全权执行规则。比赛应指派一名第二裁判员，在球场与裁判员相对的一边执法。第二裁判员可使用哨子。第二裁判员协助裁判员依据规则控管比赛。

当裁判员与第二裁判员就某一违规行为同时发出判罚信号，而二者判罚不一致时，以裁判员的判罚决定为准。

四、比赛时间

比赛分为两个时间相等的半场，上、下半场的比赛时间各为 20 分钟。比赛计时由计时员执行。上、下半场的比赛时间可延长至踢完罚球点球为止。

五、暂停

（1）比赛球队有权利要求 1 分钟暂停，上、下半场各一次。

（2）可在任意时间要求暂停，但是，只有当球队得球时才许可暂停。

（3）暂停时，球员必须留在球场内。球队职员可在边线外与球队座位平行的位置指导球员。球队职员不可进入球场。

（4）球队在上半场未要求暂停，下半场仍然只可要求一次暂停。

六、犯规与不正当行为

1. 判为直接任意球的犯规

如果裁判员认为，某方球员草率地、鲁莽地或使用过分的力量做出下列 7 种犯规行为中的任意一种，则将判给对方直接任意球：

（1）踢或企图踢对方球员。
（2）绊摔对方球员。
（3）跳向对方球员。
（4）冲撞对方球员。
（5）打或企图打对方球员。
（6）推对方球员。
（7）抢截对方球员。

如果某方球员做出下列3种犯规行为的任意一种，也判给对方直接任意球：
（1）拉扯对方球员。
（2）向对方球员吐唾沫。
（3）故意手球（守门员在本方罚球区内除外）。

注意：①在犯规发生地点踢直接任意球；②上述犯规都属于累计犯规之列。

2. 判为罚点球的犯规

在比赛进行中，无论球在什么位置，如果球员在本方罚球区内做出上述10种犯规行为中的任意一种，应被判罚点球。

3. 判为间接任意球的犯规

如果某方守门员做出如下犯规行为的任意一种，则判由对方踢间接任意球：
（1）在本方半场内，以手或脚控制球的时间超过4秒。
（2）守门员将球发出后，未经对方球员踢或触及，在本方半场内再次触及同队球员故意踢给他的球。
（3）在本方罚球区内，守门员以手触及或控制同队球员故意踢给他的球。
（4）在本方罚球区内，守门员以手触及同队球员直接踢给他的界外球。

如果裁判员认为某方球员做出如下犯规行为中的任意一种，则也判由对方在犯规地点踢间接任意球：
（1）在对方球员面前以危险方式比赛。
（2）阻碍对方球员进攻。
（3）阻挡对方守门员将球从手中发出。

七、大点球

每队从累计第6次犯规及以后的直接任意球为大点球。大点球相关规定如下：
（1）大点球必须直接射门而不能传给同队球员。

(2) 大点球踢出后,只有球被守方守门员触及或球从球门柱、横梁弹回来以及球出界后,其他球员才可触球。

(3) 在每半场比赛或加时赛上、下半场结束时,应允许延长时间执行完累计第 6 次犯规起的直接任意球。

(4) 守方不可排人墙防守。

(5) 须明确主罚的球员。

(6) 守方的守门员须留在罚球区内且距球至少 5 米。

(7) 所有球员必须留在场地内,罚球球员除外。

(8) 除踢球球员和守方守门员外,其他球员应退到与球门线平行且距离球门线 10 米的假想线(该假想线穿过大点球罚球点)后,并至少距球 5 米,他们不可阻挡主罚球员。除主罚球员外,其他球员直到比赛恢复方可越过假想线。

八、任意球

1. 罚球区外任意球

(1) 可以组织人墙,所有对方球员必须距球至少 5 米,直到比赛继续进行。

(2) 当球被触及后并发生移动时,比赛即开始。

(3) 在犯规发生地点或在犯规发生时比赛球所在的地点(根据犯规情况)踢任意球,或在第二罚球点踢出任意球。

(4) 在裁判员认为你已准备好的 4 秒内发出任意球,否则将判给对方间接任意球。

2. 在守方罚球区内的直接或间接任意球

(1) 所有对方球员必须距球至少 5 米,直到比赛继续进行。

(2) 所有对方球员必须站在罚球区外,直到比赛继续进行。

(3) 在球门区内获得的任意球可以在球门区内任意地点执行。

(4) 在裁判员认为你已准备好的 4 秒内发出任意球,否则将判给对方间接任意球。

3. 进攻队间接任意球

(1) 可以排人墙,所有对方球员必须距球至少 5 米,直到比赛继续进行。

(2) 当球被触及后并发生移动时,比赛即开始。

(3) 在罚球区内进行的间接任意球,应从距罚球区线上、距犯规发生地点最近的点踢出。

(4) 在裁判员认为你已准备好的 4 秒内发出任意球,否则将判给对方间接任意球。

4. 界外球（见图 4-13）

图 4-13　界外球

（1）发界外球是重新开始比赛的一种方法。当球的整体不论是从地面或空中越过边线还是击中天花板时，判由最后触球球员的对方球员踢界外球。

（2）踢界外球不可以直接进球得分。

（3）对方球员在球踢出前必须距球至少 5 米。

（4）在踢出界外球的一瞬间，主罚球员必须遵守如下相关规定：

①一只脚站在边线上或站在边线外；

②将球放定在球出界的地点上或从这一点的地面向外不超过 25 厘米处踢出。

③在裁判员认为你已准备好的 4 秒内发出界外球，否则将判给对方界外球。

④当球被触及后并发生移动时，比赛即开始。

5. 角球（见图 4-14）

（1）踢角球一方必须在裁判员认为你已准备好的 4 秒内将球踢出，否则将判对方掷球门球。

（2）当球被触及并移动时，比赛即开始。

（3）对方球员在球踢出前必须距球至少 5 米。

（4）踢球球员不可第二次触球，直到另一球员触球。

（5）角球可直接射门得分。

6. 球门球

当整个球体无论是在地面还是从空中越出球门线而并未进球，且最后触球的是攻方球员，则判掷球门球。掷球门球是重新开始比赛的一种方法。

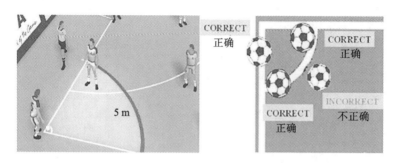

图 4-14　角球

（1）掷球门球不能直接得分。

（2）由守方球队的守门员在罚球区内任意一点掷球门球。

（3）对方球员在罚球区外，直到比赛恢复。

（4）守门员不可第二次触球，直到另一球员触球，否则判给对方间接任意球。

（5）当球直接掷出罚球区时比赛恢复，若没有直接掷出罚球区则需要重罚。

（6）在裁判员认为你已准备好的 4 秒内掷出球门球，否则在罚球区线上离犯规地点最近的地方由对方罚间接任意球。

九、越位

五人制足球比赛中没有越位。

第五章　足球运动损伤

一、足球运动损伤概述

足球运动损伤是指在足球运动过程中运动员所发生的各种损伤。由于足球运动具有技术、场景的复杂性，对抗的激烈性，身体姿态的多变性，技术动作完成的快速性等特点，因此运动员发生损伤的概率大大增加。统计表明，足球运动是损伤发生率最高的运动项目之一，损伤程度轻的有擦伤，重的有骨折、脱位及内脏破裂等。

足球运动损伤有其自身的特点和规律，它与运动员的生理解剖特点、运动技术力学特点和项目本身的特点紧密相关。运动损伤是影响足球运动员的训练和比赛的主要因素之一，严重阻碍其运动水平的提高，缩短其运动年限，严重时还会致残，甚至导致运动员失去生命。随着校园足球活动的大力开展，学生参与足球运动的积极性不断提高。然而，校园足球的日常教学中，运动损伤时有发生，这不但降低了足球教学活动的质量，而且打击了学生参与足球运动的积极性。因此，教师在进行足球教学活动时要格外重视，预防发生运动损伤。本章主要从运动损伤发生的原因、机制、规律等方面进行探讨，旨在降低运动损伤的发生率，并为教师面对此类突发状况提供合适的方法依据，提高学生的运动表现，最终促进校园足球活动的良性开展。

二、足球运动损伤的原因

足球运动是高对抗性运动项目，容易导致运动损伤，运动员身上若存在某些危险因素，可能导致其发生运动损伤的风险增加。比如同一部位此前发生的损伤就是本次损伤发生的一个独立危险因素。一般情况下，导致足球运动损伤的原因大致分为两类：外部因素和内部因素。

（一）外部因素

外部因素主要指外部作用于运动员的各种因素，其中环境因素十分关键。常见的外部因素有：训练方式、足球场地质量、训练装备（球鞋和护腿板）、环境、营养等。

1. 训练方式

训练前的热身和训练后的放松是一堂训练课必不可少的环节。训练前的热身有利于激活运动员肌肉，刺激运动员的肌肉神经，使机体运转起来，提升兴奋度，使运动员慢慢进入训练的状态。训练后的放松有利于缓解肌肉和心理疲劳，促进身体机能的恢复，为下一次训练做准备，预防运动损伤。训练前缺乏热身或者热身不充分，容易导致肌肉拉伤；训练后缺乏放松或者放松不充分，会影响恢复，降低肌肉质量，增加损伤的风险。除此之外，训练课的训练负荷和训练量需要根据运动员的身体状态、能力以及竞赛赛程进行合理安排，避免过量训练，使运动员出现过度疲劳，增加损伤的风险；训练内容要有周期性和针对性，符合运动员的年龄；训练结构要合理，比如速度、力量、爆发力等身体素质训练应安排在训练课的前部分。

2. 足球场地质量

研究表明，足球运动损伤有五分之一是场地质量不好造成的，足球鞋与足球场地之间的摩擦力是可能导致损伤的重要因素。一般情况下，足球运动员希望球鞋抓地力越大越好，但这可能增加损伤的风险。因为如果运动突然停止，就会出现更大的反作用力，再加上场地很硬，草皮质量不好，导致缓冲效果差，那么就容易出现运动损伤，尤其是在突然启动和制动的动作模式中。

足球场草皮种类可大致分为三类：人造草皮、天然草皮和人造天然混合草皮。人造皮草和天然草皮较常见，人造草皮与天然草皮相比，在人造草皮足球场上运动损伤的发生率更高一些。

3. 训练装备

没有戴护腿板或穿不适合足球场地类型的球鞋都会增加受伤的风险。小腿胫骨附近的损伤大部分都是因为没有戴护腿板或者护腿板尺寸不合适造成的，因此在训练和比赛中一定要戴好尺寸合适的护腿板，降低损伤的风险。球鞋的穿着需要根据场地的具体情况而定，比如在一般的人造草皮，穿 TF(Turf)钉鞋；在顶级人造草皮，穿 AG(Artificial Groud)钉鞋；在天然草皮，一般穿 FG(Firm Groud)钉鞋。什么样的场地穿什么类型的球鞋很重要，穿对球鞋能最大限度地减小脚踝和膝盖受到的压力，起到一定的缓冲作用，降低踝和膝损伤的风险。

4. 环境

气温和气候也是需要考虑的因素，高温、寒冷、下雨和下雪等天气会增加损伤的风险。高温会增加运动员的能量消耗，容易导致肌肉痉挛，也会造成注意力不集中，导致不必要的损伤；寒冷会增加肌肉的黏滞性，容易导致肌肉拉伤；下雨和下雪造成场地湿滑，容易导致崴脚和膝盖扭伤。这些"极端"天气会或多或少地影响运动员的身体机能和运动表现,增加损伤的风险。

5. 营养

为使运动员的身体状态和竞技水平维持在较佳水平,健康合理的膳食是必不可少的。水、碳水化合物和蛋白质是维持运动状态的基础物质。水是生物体最重要的组成部分,缺水会影响运动表现,严重的会导致人体休克甚至死亡。运动员要勤补水,时刻保持水合作用,每日至少饮用 3 升水。碳水化合物(糖类物质)是肌肉和大脑的主要能量来源,(急性)碳水化合物缺乏会导致体力下降,消除疲劳感所需的恢复时间延长,同时使人体的协调能力下降。蛋白质可维持肌肉结构的稳定性,促进肌肉的再生,缺乏蛋白质会影响肌肉的质量和结构,比如肌肉干瘪。

(二)内部因素

内部因素主要指运动员的自身因素,常见的内部因素有:①肌力失衡、肌肉无力;②灵敏、柔韧素质较差;③年龄;④心理因素。

1. 肌力失衡、肌肉无力

肌肉是一种能收缩的动物组织,属于软组织,分为平滑肌、心肌和骨骼肌。我们主要讨论骨骼肌,它是附着在骨骼上的肌肉,由数以千计具有收缩能力的肌细胞所组成,并且由结缔组织所覆盖和接合在一起。任何体育活动,都离不开骨骼肌收缩,骨骼肌直接影响运动表现。附着在关节周围的骨骼肌能保护关节,防止损伤。肌力失衡、肌肉无力会造成软组织受伤,也就是常说的肌肉拉伤,如果关节周围的肌肉不足,关节就不够稳定,相对更容易出现损伤,特别是膝关节。

2. 灵敏、柔韧素质较差

足球项目技术复杂,场景多变。在训练或比赛中,若遇到处理球技术较复杂、运动量大和强度大的情况,则灵敏、柔韧素质较差的运动员更容易受伤,他们的身体运动能力不足以令其做出一些高难度的动作,如果勉强去完成就会增加受伤的风险。

3. 年龄

在年龄较小的足球运动员中,铲球和落地过程中产生的冲撞是导致损伤的主要原因,因为年龄较小的运动员身体还没有完全发育,身体承受能力低。在年龄较大的足球运动员中,落地同样是导致损伤的主要原因,因为年龄较大的运动员灵活性下降,同时他们对落地时发生的冲撞的承受能力也会下降。

4. 心理因素

在现代足球中,心理因素是非常重要的板块,研究显示:心理障碍会影响运动表现,继而增加损伤的风险。心理素质强大的运动员能控制住自己的情绪,注意力更集中,专注于球场上的事情,运动表现更稳定。而心理素质不好的球员,注意力较容易分散,过分地注意那些并不重要的信息,阻碍了对重要信息的注意,这就增加了意外损伤的风险。所以,加强心理素质教育,是减少运动损伤的重要措施。

三、足球运动损伤的分类与处理方法

本书将足球运动损伤大致分为擦伤、肌肉拉伤、关节韧带拉伤、胫腓骨疲劳性骨膜炎、膝关节半月板损伤、脑震荡、骨折、肌肉痉挛八类。

运动损伤的紧急处理应遵循 POICEMM 模式,即保护(protect)、适当负荷(optimum loading)、冰敷(ice compress)、加压(compression)、抬高(elevation)、物理治疗(modalitiy)和药物治疗(medication)。保护是指避免一切可能使伤情恶化的活动造成二次损伤。适当负荷是指用一个平衡、递增负荷的康复训练代替传统的休息,避免肌肉萎缩、软组织黏连、关节活动受限等。冰敷可以抑制痛觉神经的冲动传导,从而减轻疼痛感;同时,冰敷可以使血管收缩,从而减轻肿胀。在实际应用中,可用冰水混合物替代冰块进行冰敷,冰敷物不可直接与皮肤接触,不可连续冰敷 30 分钟以上,以免冻伤。对伤处加压也可以机械性地减少肿胀。因此,在所有可能发生肿胀的急性损伤中,均建议对伤处进行加压处理。在加压处理时,应注意确保身体末端的手部和足部仍有充足的血液供应,一旦出现感觉丧失、疼痛增加、四肢变为蓝紫色或白色、四肢温度降低等症状,都是加压过度的信号,应进行适当减压,必要时可解开弹性绷带重新包扎。伤处的压迫处理应该至少维持 24 小时,如果 24 小时过后仍有肿胀现象,应该继续进行包扎加压,直到不再肿胀为止。此时可以使用紧腿袜或压力绷带,也可以使用肌内效贴胶带进行压迫处理。抬高是指将受伤者的伤处抬高至其心脏以上高度,以减轻肿胀,同时加速代谢废物的排出。物理治疗是指借助声波、短波、超声波等仪器实现局部软组织消肿止痛、加速代谢、促进愈合等。药物治疗主要起到消炎、控制炎症等作用,使疼痛得到缓解。

(一)擦伤(见图 5-1)

(1)定义:钝性致伤物与皮肤表层摩擦而造成的,以表皮剥脱为主要改变的损伤,又称表皮剥脱。

(2)症状与体征:表皮剥脱、血痕、渗血或出血斑点,继而可出现轻度炎症反应,局部会有红肿和疼痛。

(3)处理:对小而浅的伤口、无出血或出血量轻微的擦伤,只需要给伤口表面消毒,保持伤口干燥;对面积大的、有污染的或出血量大且凝血时间长的伤口,除清创包扎外,还需要预防感染和排除其他疾病。

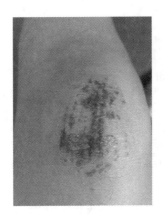

图 5-1 擦伤

(二) 肌肉拉伤(见图 5-2)

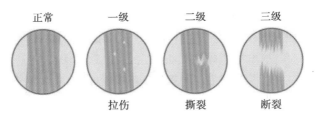

图 5-2 肌肉拉伤

(1) 定义:由肌肉的猛烈收缩或被动牵伸超过了肌肉本身所能承受的限度而引起的肌肉组织损伤。

(2) 症状与体征:有明显的外伤、疼痛、肿胀(严重者皮下淤血)、压痛、肌肉收缩受阻(严重者肌肉收缩畸形,如部分断裂处凹陷)、功能障碍。

(3) 处理:根据肌肉损伤的程度,损伤分为肌肉拉伤、肌肉撕裂和肌肉断裂。当出现肌肉拉伤时,如果不及时处理,就会产生肌肉撕裂。发生这类损伤时,应立刻中止运动,用冰水混合物或用毛巾包裹冰块冰敷,保持 20 分钟左右,然后用绷带对伤处进行包扎加压处理,最后抬高患肢。如果是肌肉撕裂,除了冰敷、加压和抬高外,还需要固定伤处,卧床休息,后期配合物理治疗和药物治疗。

(三) 关节韧带拉伤(膝关节和踝关节)(见图 5-3)

(1) 定义:在间接外力作用下,使关节发生超范围的活动而引起的关节韧带损伤。

(2) 症状与体征:①膝关节内外侧副韧带损伤,膝内外侧疼痛(局部压痛明

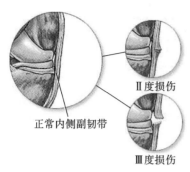 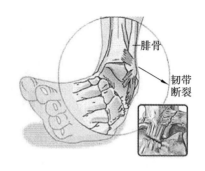

(a) 膝关节韧带损伤　　　　　　(b) 踝关节韧带拉伤

图 5-3　关节韧带拉伤

显）、膝内外侧红肿、2～3天后淤血、屈伸活动受限（半腱肌、半膜肌保护性痉挛）；若内侧副韧带完全断裂，则关节间隙变宽，小腿异常外展。②踝关节韧带损伤有外伤、疼痛（局部压痛明显）、肿胀和皮下淤血，出现跛行或功能丧失；若韧带完全断裂，则关节间距变宽，踝关节超常内翻。

（3）处理：①膝关节内外侧副韧带损伤立刻中止运动，冰敷，包扎加压，抬高患肢；若内外侧副韧带完全断裂，须用夹板固定，及时送往医院处理。②踝关节韧带损伤　冰敷，包扎加压，抬高患肢；若韧带完全断裂，须包扎固定脚踝，及时送往医院处理，后期配合物理治疗和药物治疗。

注意：女子足球运动员膝关节损伤发生率比男子高，原因是：首先，现代足球的比赛节奏越来越快，经常需要在高速奔跑中急停急转，对身体素质的要求也越来越高；其次，女子足球运动的发展日趋"男性化"，对运动员的要求很高，而与男子相比，女子膝关节周围的肌肉力量较差，关节承受负荷的能力较低，所以女子膝关节受伤的风险比男子高。

（四）胫腓骨疲劳性骨膜炎（见图5-4）

（1）定义：在跑跳中，身体重力以及支撑反作用力反复作用于下肢，小腿肌肉附着骨膜处长期受到牵拉、摩擦，致使胫腓骨骨膜出现炎症。胫腓骨疲劳性骨膜炎常见于初参加运动训练的人，是青少年中较为常见的运动损伤，有典型的运动史、发病史和反复疼痛史。

（2）症状与体征：后蹬痛；小腿胫腓骨疼痛，大量运动后疼痛加剧，手触、走路支撑时均有疼痛感，个别患者夜间疼痛，多为隐痛、牵扯痛，有严重的刺痛和烧灼感；压疼，在骨面上能摸到疼痛点，有的较集中，有的较分散；肿胀，局部软组织有轻度凹陷性水肿。

（3）处理：症状早期阶段特别是疼痛特别剧烈时，应进行冰敷以减轻炎症和疼

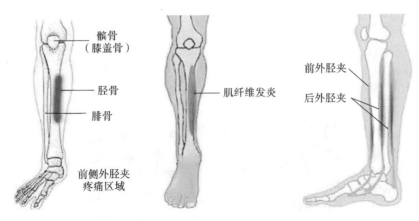

图 5-4　胫腓骨疲劳性骨膜炎

痛,损伤较轻的可以用弹性绷带包扎小腿,同时减少练习量,配合物理治疗和药物治疗。

(五)膝关节半月板损伤(见图 5-5)

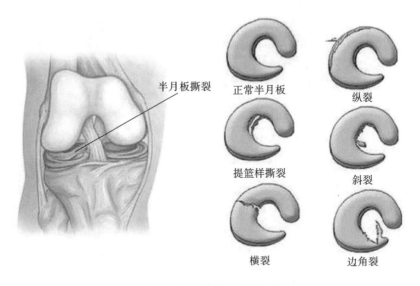

图 5-5　膝关节半月板损伤

(1)定义:一种以膝关节局限性疼痛(部分患者有打软腿或膝关节交锁现象)、股四头肌萎缩、膝关节间隙固定的局限性压痛为主要表现的疾病。

(2)症状与体征:多数有明显外伤、疼痛,由于滑膜受牵扯而疼痛;若半月板损伤没有牵扯滑膜则疼痛不明显,有压痛;关节间隙内侧或外侧疼痛、肿胀;早期有积血和积液,慢性期常有少量积液、关节屈伸活动障碍、弹响,严重者跛行,有屈伸功能障碍和股四头肌萎缩。

(3)处理:伤后处理遵循 POICEMM 原则,冰敷,加压包扎,同时抬高患肢,配合物理治疗和药物治疗。

(六)脑震荡(见图 5-6)

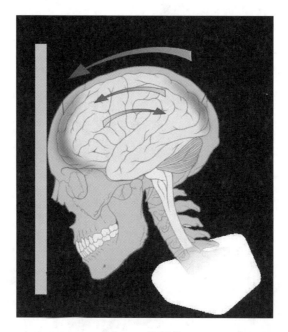

图 5-6 脑震荡

(1)定义:头部遭受外力打击后,即刻发生短暂的脑神经功能障碍。

(2)症状与体征:精神恍惚或意识丧失;呼吸表浅,脉搏缓慢,肌肉松弛,瞳孔扩大但左右对称,神经反射减弱;清醒后,短时间内反应迟钝,此外伴有头痛、头晕、恶心或呕吐等症状。

(3)处理:使患者安静平卧;对昏迷者,刺激人中、内关、涌泉等穴位;对呼吸障碍者,进行人工呼吸,若发现瞳孔扩大且不对称,耳、鼻、口出血及眼球青紫,清醒后有剧烈疼痛感、喷射式呕吐或再次出现昏迷,则说明脑组织损伤,应立即送往医院抢救;患者清醒后仍需卧床休息,直到头痛、恶心等症状完全消失,以免引起后遗症。

(七)骨折(见图 5-7)

(1)定义:骨结构的连续性完全或部分断裂。

(2)症状与体征:患处会形成血肿,同时附近软组织受到损伤,也出现水肿;出

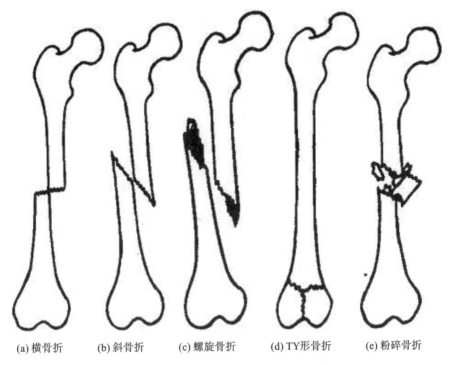

(a) 横骨折　　(b) 斜骨折　　(c) 螺旋骨折　　(d) TY形骨折　　(e) 粉碎骨折

图 5-7　骨折

现青色或紫色的瘀斑,触之疼痛感强烈;活动功能障碍;畸形,骨折端移位可使患处外形发生变化,主要表现为缩短、成角、延长;骨折后两骨折端相互摩擦撞击,可产生骨擦音或骨擦感。

(3) 处理:常见的骨折有两种,闭合性骨折和开放性骨折。①闭合性骨折　用冰水混合物进行冰敷,冰敷时用毛巾隔开,避免冰水混合物直接与皮肤接触,冰敷时间不超过 20 分钟,并尽快送往医院治疗。②开放性骨折　用清洁敷料对伤口进行初步包扎以止血,并用夹板将骨折部位固定,及时送往医院处理。如果出血量较大,应以手将出血处的上端压在临近的骨突或骨干上。特别需要注意,开放性骨折暴露在外时,不要将骨折断端送回伤口内,以免将细菌带入伤口内部引起感染,应先清洗创口和污染部位,止血后用无菌辅料包扎后固定,并尽快送往医院治疗。用担架搬运脊柱骨折患者时,至少需要三个人同时抬起其腿、腰、头部,用手平托着将患者放至担架上,防止患者身体移动导致骨折移位。怀疑颈椎骨折时,需要将患者颈部固定,以免头部、颈部晃动,加重损伤。

（八）肌肉痉挛（见图 5-8）

休息状态下的　　收缩状态下的　　因抽筋无法放松的
小腿肌群　　　　小腿肌群　　　　小腿肌群

图 5-8　小腿肌群在三种状态下的形态

（1）定义：肌肉自发性的强直性收缩。小腿肌肉痉挛最常见。

（2）症状与体征：肌肉剧烈而突然地发生痉挛性或紧张性疼痛，肌肉坚硬，疼痛难耐，往往无法立刻缓解，处理不当时会造成肌肉的损伤。

（3）处理：大、小腿肌肉痉挛时，患者可平坐在地上，伸直大、小腿，将足前掌上翘，休息几分钟就好。严重的肌肉痉挛，需他人帮助扳腿扳脚，患者平躺在地上，将大、小腿尽量伸直，再将足前掌上翘。

第六章　足球基本技术、战术教学

第一节　足球课类型

一、足球课类型

足球课类型分为：课程类、训练类。课程类时长主要以 40 分钟为主，分为兴趣类、技术类。训练类时长主要以 90 分钟为主，分为技术类、战术类。足球课类型如表 6-1 所示。

表 6-1　足球课类型

类型		准备(热身)部分	基本部分	结束部分
课程类 (40 分钟)	兴趣类	徒手操、热身游戏	游戏 认知+体验 比赛	放松 (肌肉牵拉)
	技术类	徒手操、热身游戏	技术练习 战术练习 比赛	放松 (肌肉牵拉)
训练类 (90 分钟)	技术类	行进间热身、有球热身	技术练习 战术练习 比赛	放松 (肌肉牵拉)
	战术类	行进间热身、有球热身	引导 学习 比赛	放松 (肌肉牵拉)

二、教案编写步骤与实例

1. 课程制订步骤

足球课程制订步骤如表 6-2 所示。

表 6-2　课程制订步骤

编号	步骤	说明
1	拟订主题	选择合适的周计划的主题
2	制订目标	据年龄、表现水平,制订合适、清晰、合理的目标
3	选择方法	设计、选择方法和手段,用时长、重复次数累积
4	程序	针对课程目标设计合理步骤,逐级推进
5	指导	对影响技术、战术学习效果的关键点进行指导

2. 课程结构

足球课程结构如表 6-3 所示。

表 6-3　课程结构

编号	结构	内容	时间
1	准备(热身)部分	为主题部分做准备,通过增加速度和使用动态牵拉激活身体和头脑系统。同主题相关联。针对球和协调性	5～15 分钟
2	基本部分（主题训练）	通过相关联、有挑战的步骤,演练训练主题。通常分 2～3 个步骤进行,每个步骤时长为 15～30 分钟,综合时长为 30～60 分钟	30～60 分钟
3（从 13 岁开始）	结束(放松)部分	加速恢复效果,为下一堂训练课或比赛做准备,首选是慢跑、静态牵拉、冰疗。也可安排功能练习,进行伤病防御	10～15 分钟

3. 教案实例

教案实例如表 6-4 至表 6-7 所示。

表 6-4　课程类实例(兴趣类 40 分钟)

教学内容	头顶球		
教学目标	1. 通过头顶球游戏使学生基本了解头顶球技术动作 2. 通过教授头顶球技术动作使学生基本了解并初步掌握头顶球技术动作 3. 通过比赛让学生合理运用所学到的基本技术,培养学生的比赛意识		
结构	组织形式	组织方法	练习要求、要点
准备部分 时间 5分钟	热身游戏(5分钟)	组织方法: 1. 每人一球,在中圈内慢跑,听教师口令后抛球,头顶球,完成后继续慢跑,等待口令 2. 10 名有球队员在中圈外,10 名无球队员在中圈内,无球队员在圈内跑动并向有球队员要球,头顶球回传给对方,听教师口令后双方交换 组织场地: 在规定范围内	练习要求: 1. 持球队员用手抛球,接球队员头顶球回传 2. 在跑动中头顶球回传给对方 3. 通过关于头顶球的热身活动唤醒队员的身体机能,使其更好地进入训练,避免受伤,提高运动质量 练习要点: 熟悉头顶球的动作、时机和方法

教学内容	头顶球		
基本部分 时间 30 分钟	头顶球游戏(7分钟)	组织方法： 进行8Ｖ8的头顶球比赛 组织规则： 1. 在规定场地中，队员之间用手互相传球，传球后头顶球进入球门即得分 2. 在上述头顶球比赛基础上，队员之间用手抛球后头顶球，连续顶8次即得1分(不能同一人连续顶)，若顶进球门则得2分(不能同一人自己抛球顶进球门) 3. 根据球门情况，设置多门(4门)比赛	练习要求： 1. 通过头顶球游戏练习，提高队员头顶球的积极性 2. 合理地运用头顶球技术进行进攻 3. 观察与判断头顶球进攻线路 练习要点： 1. 观察与判断队员的位置，头顶球进攻队员选择合适线路 2. 通过比赛，队员合理运用头顶球技术
	认知阶段(3分钟) 1. 大家在头顶球过程中有哪些动作？ 2. 头顶球有哪些技术要点？头顶球有哪几种方法、体位、起跳技术？ 3. 头顶球在比赛中的作用是什么？	—	—

续表

教学内容			
	头顶球		
基本部分 时间 30 分钟	头顶球体验练习(10分钟)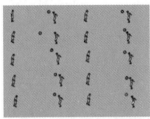	组织方法： 1. 2人一组原地头顶球练习 2. 头顶球射门 组织规则： 1. 2人一个球相对站立，1人抛球1人顶球，完成教师规定顶球数目后两人交换 2. 队员分为两组，每组在球门两边各安排1名队员，给站在球门前的队员抛球（球门旁队员轮流抛球），此队员头顶球攻门后，立刻去球门旁给下一位队员抛球，而抛球队员跑向头顶球队伍后面等待头顶球	练习要求： 1. 眼睛注视球，收下颚，重心下降，膝关节微微弯曲，两臂自然张开 2. 击球时，两腿蹬地，腰部用力，快速向前摆体 练习要点： 1. 克服心理障碍 2. 掌握头顶球技术和判断顶球时机
	比赛(10分钟)	组织方法： 8 V 8比赛（也可根据上课人数而定） 组织规则： 在比赛场地规定区域内（两条黑色线段区域内）脚弓传球，传到指定区域，队员可用手或脚将球抛到球门前，若队员头顶球攻门则得2分，若队员脚弓射门则得1分	练习要求： 1. 快速传球，选择合理的运球线路进行突破射门 2. 无球队员快速支援有球进攻队员，完成射门得分 3. 选择适当的头顶球技术进行射门 练习要点： 1. 观察与选择运球线路 2. 无球队员快速支援有球队员 3. 合理运用各种头顶球技术进行射门

续表

教学内容	头顶球		
结束部分	总结(5分钟) 放松活动,教师总结、点评	组织方法: 1. 成体操队形依次散开 2. 教师做拉伸示范,学生跟着教师做	要点: 1. 放松活动、牵拉 2. 总结本节课情况 3. 安排学生归还器材

表 6-5　课程类实例(技术类 40 分钟)

教学内容	传接球		
教学目标	1. 通过教授传接球技术动作使学生基本掌握传接球技术 2. 通过战术练习,培养学生把握传球时机、观察与跑动选位的能力 3. 通过比赛让学生合理运用所学到的基本技术,培养学生的比赛意识		
结构	组织形式	组织方法	练习要求、要点
准备部分 时间 5 分钟	热身游戏(5分钟)	组织方法: 1. 每 2 人一球,在中圈内慢跑,自由传接球 2. 10 名有球队员在中圈外,8 名无球队员在中圈内,无球队员在圈内跑动并向有球队员要球 组织场地: 在规定范围内	练习要求: 1. 活动中完成 2. 按规定传或接,传脚下、传空当、转身接、摆脱接球,努力按要求完成 练习要点: 熟悉传接球的动作、时机和方法

续表

教学内容	传接球		
基本部分 时间30分钟	传球技术练习(10分钟) 	组织方法： 1. 2人一组脚弓传球 2. 3人脚弓传球 组织规则： 1. 2人一个球相对站立，先用右脚互相传接球，完成一定次数后换成用左脚传接球。最后可要求队员接球后做虚晃摆脱动作 2. 3人或多人一组，互相传接球，对传球方向、力度、准确性做相应要求，后可进行多球练习	练习要求： 1. 快速完成 2. 努力提高准确性 3. 能够控制线路 练习要点： 掌握传球的动作、时机和方法
	战术练习(10分钟) 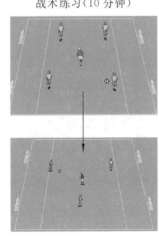	组织方法： 1. 1人在4人中间抢球 2. 再变成1人在3人中间抢球 组织规则： 1. 在规定区域内，队员之间互相传球，1人在中间进行抢球，传球不能传出规定区域，被抢球队友触碰到球则交换攻防位置 2. 在上述练习基础上，可减少1名传球队员以增加难度	练习要求： 1. 传球讲究力量、线路和时机 2. 接球讲究合理性 3. 防守者积极抢截 练习要点： 1. 观察与选择运球线路 2. 无球队员迅速支援有球队员 3. 合理运用各种传接球技术

续表

教学内容	传接球		
基本部分 时间 30分钟	比赛(10分钟)	组织方法： 8 V 8 比赛（也可根据上课人数而定） 组织规则： 在比赛场地规定区域内,连续脚弓传球20次得2分,脚弓射门得1分	练习要求： 1. 快速传球,选择合理的运球线路进行突破射门 2. 无球队员快速支援有球进攻队员,完成射门得分 3. 选择适当的技术进行射门 练习要点： 1. 观察与选择运球线路 2. 传球讲究力量、线路和时机 3. 接球讲究合理性 4. 防守者积极抢截
结束部分	总结(5分钟) 放松活动,教师总结、点评	组织方法： 1. 成体操队形依次散开 2. 教师做拉伸示范,学生跟着教师做	要点： 1. 放松活动、牵拉 2. 总结本节课情况 3. 安排学生归还器材

表 6-6　训练类实例（技术类 90 分钟）

教学内容	运球		
教学目标	1. 通过运球游戏使学生基本熟悉运球技术动作 2. 通过教授各类运球技术动作使学生基本掌握各类运球动作及其应用 3. 通过比赛让学生合理运用所学到的基本技术，培养学生的比赛意识		
结构	组织形式	组织方法	练习要求、要点
准备部分 时间 15分钟	热身游戏（15 分钟） 运球游戏	组织方法： 　全班分为人数相等的小组，每组有一块由标志桶围成的 10 米×10 米区域 组织规则： 　小组的任务是将足球运回本组区域，当中间的球全部运走后可去其他组抢夺 组织场地： 　在规定范围内	练习要求： 　1. 学生需要做到令行禁止，听从教师的口令 　2. 要在规定区域内运球 练习要点： 　运球时主动降低身体重心，推拨球后身体重心及时跟进
	运球观察游戏	组织方法： 　进行运球＋反应力游戏 组织规则： 　1. 在规定场地中，学生自由带球，教师给出不同信号，学生要及时做出反应。例如：教师喊数字"1"，学生要快速将球踩住；教师举手，学生需要用膝盖压住球 　2. 反应最慢的学生被淘汰	练习要求： 　1. 通过运球游戏练习，提高队员运球的积极性 　2. 在规定区域内运球 　3. 运球的同时强调观察，注意避免因为不抬头观察而导致两人相撞。以学生安全为第一 练习要点： 　1. 运球时抬头观察身边的情况 　2. 在规定的范围采用合理的部位运球

续表

教学内容	运球		
基本部分 时间 65 分钟	脚背正面直线运球练习 （15分钟）	组织方法： 全班分组排队，一组一球，从起点出发 组织规则： 每组排头快速运球至终点，返回起点将球停下，与第二位组员击掌。下一位再运球至终点，依次类推	练习要求： 1. 通过教师讲解示范，进一步了解脚背正面运球的要点 2. 在运球脚提起时，膝关节微屈，脚跟提起，脚背绷紧，脚尖向下，在迈步前伸着地前，用脚背正面推拨球前进 练习要点： 1. 通过接力游戏增强学生练习的积极性 2. 掌握脚背正面直线运球技术
	脚背外侧运球练习 （15分钟）	组织方法： 2人一组进行脚背外侧运球练习 组织规则： 1. 2人一组，站在标志盘后面，一人在前一人在后 2. 教师示范讲解后学生进行练习 3. 前面的同学完成一次练习之后，后面的同学开始练习，依次循环	练习要求： 1. 脚背外侧运球时，上体稍前倾，运球脚提起，膝关节稍屈，髋关节前送，提踵 2. 脚背外侧正对运球方向，在运球脚落地前用脚背外侧推拨球的后中部向前侧推拨球 练习要点： 1. 重心降低，注意抬头观察 2. 掌握正确的推拨球节奏以及运球时身体的协调配合

续表

教学内容	运球		
基本部分 时间 65分钟	脚背内侧运球练习(15分钟)	组织方法： 一共4组。每组学生排成一列纵队，站在起点后，排头持球 组织规则： 1. 使用脚内侧运球 2. 回到起点时必须人球同时到达，才能交给下一位组员	练习要求： 注意运球脚屈膝，用脚背内侧部位推拨球的后中部，拨球后运球脚及时落地支撑 练习要点： 1. 重心降低，身体协调、稳定地控制球 2. 先求稳，再慢慢增加速度
	分组比赛(20分钟)	组织方法： 8 V 8比赛(也可根据上课人数而定) 组织规则： 在比赛场地规定区域内进行比赛，如果学生运球通过对方半场底线则得2分，如果射门进球则得1分	练习要求： 1. 运球者要快速运球，且将球控制住 2. 无球队员快速支援有球进攻队员 3. 选择合理的得分方式 练习要点： 1. 观察与选择运球线路 2. 无球队员快速支援有球队员
结束部分	总结(10分钟) 放松活动、教师总结、点评	组织方法： 1. 在球场内围成一圈，跟随教师做牵拉活动 2. 听教师总结	要点： 1. 放松活动、牵拉 2. 总结本节课情况 3. 安排学生归还器材

表 6-7　训练类实例（战术类 90 分钟）

教学内容	中前场防守中的快速反击		
教学目标	1. 通过战术引导使学生初步了解中前场的快速反击 2. 通过学习部分让学生了解快速反击时防守与进攻队员的任务与跑动位置 3. 通过比赛定格有针对性地指导学生积极压迫防守，合理把握突破时机 4. 通过比赛让学生合理运用所学到的基本战术，培养学生的比赛意识		
结构	组织形式	组织方法	练习要求、要点
准备部分 时间 15分钟	热身（15分钟）	组织方法： 　将学生分成人数相等的小组，每组围成一个圈，中间站一人 组织规则： 　一组学生中，一人穿红色标志服站在足球场中圈内；其他人站在中圈线上，相互传球。圈内学生负责破坏或抢断圈上同学间的相互传球	练习要求： 1. 通过热身活动提高学生的身体机能，使其更好地进入训练，避免受伤，提高运动质量 2. 游戏进行中引导学生相互合作 练习要点： 1. 外圈的第二脚球开始时里面的学生才开始抢球 2. 抢球的学生碰到球就换下
基本部分 时间 65分钟	战术引导（20分钟）	组织方法： 　8人制场地内，底线各放置一个球门，先2Ｖ2练习，再3Ｖ3练习，再到4Ｖ4练习，两组分别在各自的门前按阵形站位 组织规则： 　教师发球至场内，先抢到球的为进攻方，快速组织进攻，完成射门	练习要求： 1. 要求积极跑位，防守反击迅速 2. 积极交流与合作，快速决策 练习要点： 1. 阵形站位要与高位逼抢战术相契合 2. 强调在取得球权后组织进攻，防守球员积极逼抢

续表

教学内容	中前场防守中的快速反击		
基本部分 时间 65 分钟	学习部分(25 分钟)	学生体验： 1. 持球后的第一想法是什么？ 2. 队友的跑位是否能帮助本方快速进攻？ 教师示范讲解： 1. 整体向前移动，有球队员的快速决策，其他队员的接应与合理跑位 2. 讲解完后再返回练习	练习要求： 1. 比赛定格：暂停具有代表性的比赛场景，有针对性地指导学生积极压迫防守，合理把握突破时机 2. 比赛定格结束后，恢复原有状态，根据教练员指导重新开始比赛
	返回比赛(20 分钟)	组织方法： 进行 8V8 教学比赛，双方各设置一个球门，将球踢进对方球门得 1 分，得分多的队伍获胜 组织规则： 1 分钟没有进球就立马进行攻防转换，听到哨音立马转换球权	练习要求： 1. 坚决执行高位逼抢战术，在中前场形成"抢、逼、围"，实现高压逼抢，获得球权 2. 快速反击，把握时机 3. 无球队员积极跑动，接应 练习要点： 1. 所有队员都要相互交流，相互提醒，尤其是能看到整个场上局面的中后卫队员 2. 抢得球权后快速向前，队友快速包抄与接应

续表

教学内容	中前场防守中的快速反击		
结束部分	总结(10分钟) 放松活动,教师总结、点评	组织方法: 1. 在球场内围成一圈,跟随教师做牵拉活动 2. 听教师总结	要点: 1. 放松活动、牵拉 2. 总结本节课情况 3. 安排学生归还器材

第二节　足球技术教学

国家大力发展校园足球运动,是为了增加我国足球运动人口,使更多的人了解足球,足球进校园是推动我国足球发展的重要举措。发展校园足球运动的目的是让更多的孩子接触足球,学习足球,同时培养青少年人文素质和增强学生体质。足球技术的教学是了解足球与学习足球的一个重要实践环节,需要遵循足球技术的形成规律。

一、足球技术教学理念

学习足球技术是为了更好地控制足球和进行足球比赛。学习足球技术,不仅仅要学习单个技术动作,更要学习如何将所学的单个技术动作组合起来,即单个技术之间的衔接。学生在比赛中根据实际情况合理地运用一种足球技术衔接另一种足球技术。足球技术的掌握程度以及足球技术之间的衔接是通过比赛来检验与实现的。足球技术教学理念如图6-1所示。

1. 单个技术学习阶段

单个技术学习阶段是单个基本技术,如脚背外侧运球、脚背正面射门技术等的学习阶段。它也是技术组合过程的初始阶段,经此阶段学习,对单个技术的掌握程度需要达到以下标准:

(1) 技术的准确与稳定;

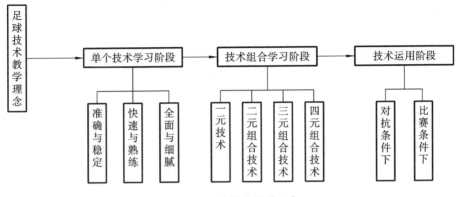

图 6-1　足球技术教学理念

（2）技术的快速与熟练；

（3）技术的全面与细腻。

2. 技术组合学习阶段

技术的组合是指将已经掌握的单个技术进行衔接，形成组合技术。引用技术的多元组合概念，单个技术构成一元技术，两个技术动作构成二元组合技术，三个技术动作组合就构成三元组合技术，依次类推。例如运球与射门技术组合就是二元组合，接球与运球和射门技术组合就是三元组合。注意，教师要分别在三个不同条件进行技术组合教学：一是在无对抗的条件下进行技术组合教学，二是在亚对抗的条件下进行技术组合教学，三是在接近比赛强度的对抗条件下进行技术组合教学。

3. 技术运用阶段

技术组合阶段完成后，教学的重点应该进入技术的运用阶段，即技巧的形成阶段。在此阶段，技术组合的主要特征表现为技术组合的随机性和多样性。这也决定了该阶段教学要在有对抗或比赛的条件下进行，同时要求学生合理地运用技术动作。

二、不同阶段技术教学内容

《体育与健康课程标准》根据学生身心发展特征划分学习水平，水平一至水平五分别对应一、二年级，三、四年级，五、六年级，七至九年级以及高中。在《全国青少年校园足球教学指南（试行）》中，校园足球教学基本要求中包含小学至高中每一年级的技术学习内容。以新课标不同水平对应不同年级，对足球技术学习内容进行归纳与整理，如表 6-8 所示。

表 6-8　不同阶段的技术教学内容

阶段	水平	年级	年龄/岁	技术教学内容
小学阶段	水平一	一、二年级	6～7	1. 球性球感 踩、拉、拨球等技术动作学习 2. 技术 单个技术： (1) 运球：脚背外侧、脚背正面 (2) 传球：脚内侧 (3) 接球：脚底（地滚球） 组合技术： 运球与控球组合
	水平二	三、四年级	8～9	1. 球性球感 踩、拉、拨、跨、挑、颠球等技术动作学习 2. 技术 单个技术： (1) 运球：脚背外侧、脚背正面 (2) 传球：脚内侧（地滚球） (3) 接球：脚内侧、脚底、脚背外侧（地滚球） (4) 射门：脚内侧、脚背内侧 (5) 正面、侧面抢球 组合技术： 运球、控球、传球、接球射门技术组合
	水平三	五、六年级	10～11	1. 球性球感 踩、拉、拨、跨、挑、颠球等技术动作学习 2. 技术 单个技术： (1) 传球：脚背内侧（空中球） (2) 接球：脚背外侧、脚底（反弹球）、脚内侧、大腿、胸部（高空球） (3) 射门：脚背正面、脚背内侧、脚内侧 (4) 头顶球：前额正面 (5) 正面、侧面断球抢球 组合技术： 运球、接球、传球、射门技术组合

续表

阶段	水平	年级	年龄/岁	技术教学内容
初中阶段	水平四	七至九年级	12～14	1. 球性球感 踩、拉、拨、跨、挑、颠球等综合球感在活动中的培养 2. 技术 单个技术： 以前面所学为基础，根据不同学生的水平差异，按需教学。练习时加入对抗条件 组合技术： 运控球、传接球、射门、抢截球技术组合运用。强调技术动作在实际中的合理性，增加对抗
高中阶段	水平五	高一至高三	15～18	1. 球性球感 踩、拉、拨、跨、挑、颠球等综合球感在活动中的培养。 2. 技术 单个技术： 以前面所学为基础，根据不同学生的水平差异，按需教学。练习时多在运动状态下进行，加入对抗 组合技术： 此阶段是学生个人技术的成型阶段，在比赛或对抗的情况下培养学生的特长技术

三、小学阶段技术教学

《体育与健康课程标准》依据学生身心发展特点将学生分成不同水平，水平一至水平三的学生处在小学阶段；同时对不同水平的学生设置不同的技能学习目标，在小学阶段技能学习目标是培养球感，具备控制球的能力，掌握足球的基本技术和技能。

（一）水平一

小学阶段一、二年级的学生主要通过参与足球游戏和比赛，体验足球活动的乐趣，学习运球、踢球、接球等基本技术动作，培养球感。

1. 教学内容

据水平一学生的身心特点以及足球运动规律,水平一的教学目标主要以培养学生对足球运动的兴趣为主,提升他们的球性球感以及个人控制足球的能力,适当加入技术组合。

2. 教案示例

水平一教案示例如表 6-9 所示。

表 6-9　水平一教案示例

教学内容	脚背外侧直线运球		
教学目标	1. 使学生认识这项运球技术动作,能够准确说出技术动作名称 2. 使 90% 的同学初步掌握脚背侧直线运球技术,能够做出运球与控球技术的简单衔接 3. 通过游戏的方式激发学生对足球运动的兴趣,培养学生勇于实践的精神和团队合作的能力		
结构	组织形式	组织方法	练习要求、要点
准备部分　时间 5 分钟	热身(5 分钟)	运用游戏教学法激发学生的兴趣,提高肌肉活性 游戏名称:看谁反应快 游戏规则: 　　在限定的区域内,学生自由运球,当教师发出不同信号时,学生要立即做出反应,反应最慢的两个学生被淘汰。将球带出区域者被淘汰 　　例:教师喊数字"1",学生需要踩球;教师喊数字"2",学生坐在球上	练习要求: 1. 在规定区域内运球 2. 听到口令后开始自由运球,不限制运球脚的触球部位,不准将球带出圈外 练习要点: 运球时主动降低身体重心,抬头观察,不能与队友相撞

续表

教学内容	脚背外侧直线运球		
基本部分 时间30分钟	1. 技术教学(5分钟) 	1. 教师提问,引出本堂课教学内容 例:刚才玩游戏的过程中,大家是用脚的哪个部位运球的? 2. 教师运用语言法和直观法对学生进行脚背外侧运球的讲解与示范 3. 学生做外脚背运球的无球模仿练习	练习要求: 学生做无球模仿练习,体会完整动作 练习要点: 1. 体会运球时重心降低的动作 2. 感受正确的触球部位
	2. 学生练习一(7分钟) 单个技术练习阶段 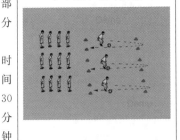	组织规则: 1. 将学生分成不同小组,在规则限定的区域内练习脚背外侧运球 2. 前面的同学完成一次练习之后将球交给排在第一的同学,交完球后排到队伍最后,以此循环	练习要求: 1. 要求完成技术动作的完整性 2. 鼓励学生尽量完成整个流程 练习要点: 1. 触球部位是脚背外侧 2. 强调脚尖内扣、脚踝适度紧张
	3. 学生练习二(8分钟) 技术组合练习阶段 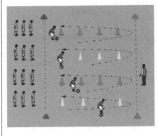	分组竞赛 组织规则: 1. 学生分成不同小组,用脚背外侧运球,每到达一个标志桶时将球踩停 2. 前面的同学完成一次练习之后将球交给排在第一的同学,交完球后排到队伍最后,以此循环 3. 看哪个小组最先全部完成,最后一名接受惩罚	练习要求: 1. 将运球与踩球结合练习 2. 注意把握运球力度与踩球力度,防止摔倒 练习要点: 1. 在球快到达标志桶时放慢运球速度 2. 踩球部位是脚掌中前部分

续表

教学内容	脚背外侧直线运球		
基本部分 时间 30分钟	4. 学生练习三(10分钟) 技术运用阶段	运用比赛教学法,通过得分手段激发学生主动使用脚背外侧运球 4 V 4 比赛(也可根据上课人数而定) 组织规则: 在比赛场地规定区域内(两黑色线区域内)进行比赛,如果学生用脚背外侧运球通过对方半场身后的标志盘则得3分,其他部位运球得2分,采取射门的方式得1分	练习要求: 1. 运球者要快速运球,且将球控制住 2. 无球队员快速支援有球进攻队员得分 3. 选择合理的得分方式 练习要点: 1. 观察与选择运球线路 2. 无球队员对有球队员的快速支援
结束部分 时间 5分钟	总结(5分钟) 放松活动(静态拉伸),教师总结、点评	组织方法: 1. 成体操队形依次散开 2. 教师做静态拉伸示范,学生跟着教师做	练习要求: 拉伸时以学生主动拉伸为主 练习要点: 1. 总结本节课情况 2. 布置课后练习内容 3. 宣布下课,回收器材

3. 注意事项

(1) 树立以人为本的基本原则,在教学过程中注意学生人身安全。

(2) 充分运用游戏教学法与比赛教学法,让学生在趣味中体会技术动作。

(3) 教学过程中对该年龄段的学生以鼓励为主。游戏次数不宜超过三次,避免学生产生厌倦情绪。

(4) 足球选择适合该年龄段学生使用的 3 号球。

(二) 水平二

小学阶段三、四年级的学生以掌握基本的足球动作为主,同时培养合作意识和规则意识。

1. 教学内容

根据水平二学生的身心特点以及足球运动规律,应在不减少他们对足球运动兴趣的基础上增加足球单个技术的教学,并适当增加组合技术教学,多以二元组合技术为主。

2. 教案示例

水平二教案示例如表 6-10 所示。

表 6-10 水平二教案示例

教学内容	脚内侧传地滚球		
教学目标	1. 使学生能够认识脚内侧传球技术动作 2. 使 90% 的同学初步掌握脚内侧传地滚球的技术要点,在组合练习阶段掌握二元技术动作衔接,初步掌握三元技术动作 3. 培养学生勇于实践的精神和团队合作的能力		
结构	组织形式	组织方法	练习要求、要点
准备部分 时间 5 分钟	热身游戏(5分钟)	运用游戏教学法激发学生的兴趣,提高肌肉活性 游戏名称:保龄球游戏 游戏规则: 将学生分成人数相同的小组,统一站在线后,依次排队用球击前面的标志桶,每人三次机会。分组竞赛,看哪个小组击中的次数最多	练习要求: 1. 踢完球之后马上慢跑过去捡球 2. 不限定学生具体用脚的哪个部位触球 练习要点: 1. 踢球时脚踝要紧张 2. 触球的中下部

续表

教学内容	脚内侧传地滚球		
基本部分 时间 30 分钟	1. 技术教学(5分钟) 	1. 教师提问,引出本堂课教学内容 例:刚才大家在踢倒标志桶的过程中用了脚的哪些部位踢球? 2. 教师运用语言法和直观法对学生进行脚内侧传地滚球的讲解与示范 3. 学生跟着教师做脚内侧传球的无球模仿动作练习	练习要求: 1. 学生做无球模仿练习 2. 体会完整脚内侧传球动作 练习要点: 1. 体会正确的触球部位 2. 身体的朝向与膝踝关节外展
	2. 学生练习一(5分钟) 单个技术练习阶段 	组织规则: 1. 学生两人一组,在规则限定的区域内练习脚内侧传球 2. 一人传球一人接球,不限定学生的接球部位,可以选择脚底、脚内侧等部位	练习要求: 学生所传的球要有一定的准确性 练习要点: 1. 传球时身体朝向传球方向 2. 体会髋关节发力 3. 脚掌与地面平行,触球瞬间脚踝紧张
	3. 学生练习二(10分钟) 技术组合练习阶段 分组竞赛 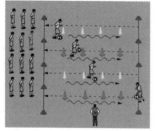 备注: 传球————→ 运球～～～→	组织规则: 1. 学生分成不同小组。一个同学运球绕过标志盘到达对面之后,用脚内侧传球给下一个同学 2. 运球时不限定运球脚触球部位,学生可以用脚的任意部位运球 3. 教师作为裁判,看哪个小组先完成练习 4. 分组竞赛,最后两名的小组接受惩罚	练习要求: 1. 通过分组竞赛的方式将脚内侧传球与运球结合练习 2. 学生练习时应遵循规则 练习要点: 1. 学生运球快到标志盘时重心降低减速 2. 注意把握运球力度与速度以及脚内侧传球的准确性

续表

教学内容	脚内侧传地滚球		
基本部分 时间 30 分钟	4. 学生练习三(10分钟) 技术运用阶段	运用比赛教学法和情境教学法,通过得分手段激发学生主动使用脚内侧传球 5 V 5 比赛(也可根据上课人数而定) 组织规则: 在比赛场地规定区域内进行比赛,学生使用脚内侧传球通过两个标志盘且队友接到球得3分,脚内侧射门得2分,其他部位传球或者射门得1分	练习要求: 1. 在技术运用阶段,传球要准确地找到同伴,且在对抗的条件下进行 2. 无球队员要呼应有球队员,形成默契 3. 选择合理的得分方式 练习要点: 1. 观察队友和防守球员的位置 2. 无球队员要及时接应有球队员的传球
结束部分 时间 5 分钟	总结(5分钟) 放松活动(静态拉伸),教师总结、点评	组织方法: 1. 成体操队形依次散开 2. 教师做静态拉伸示范,学生跟着教师做	练习要求: 拉伸时以学生主动拉伸为主 练习要点: 1. 总结本节课情况 2. 布置课后练习内容 3. 宣布下课,回收器材

3. 注意事项

(1) 树立以人为本的基本原则,在教学过程中注意学生人身安全。

(2) 通过足球技术的练习以及比赛发展学生的身体素质。

(3) 足球选择适合该年龄段学生使用的4号球。

(三) 水平三

小学阶段五、六年级的学生要主动参与足球学习,逐步提高组合技术能力以及与同伴协作的能力,提高在比赛中运用技术的能力,强化规则意识,学会调节情绪的方法。

1. 教学内容

根据水平三学生的身心特点以及足球运动规律,在此阶段的技术教学仍然要激发学生对足球运动的兴趣,单个技术要达到快速与熟练的程度,增加组合技术教学的占比,在学生掌握二元组合技术的基础上发展三元组合技术。

2. 教案示例

水平三教案示例如表 6-11 所示。

表 6-11 水平三教案示例

教学内容	脚背正面射门		
教学目标	1. 使学生能够准确说出该技术动作名称,对这项技术有基本认识 2. 使 90% 的同学初步掌握脚背正面射门技术,在练习中巩固二元组合技术,发展三元、四元组合技术 3. 培养学生勇于实践的精神和团队合作的能力		
结构	组织形式	组织方法	练习要求、要点
准备部分 时间 5 分钟	热身游戏(5分钟)	运用游戏教学法激发学生的兴趣,提高肌肉活性 游戏名称:躲避来球 游戏规则: 1. 将学生分成两组,一组在圈内,一组在圈外拿球 2. 处在标志盘处拿球的学生要用脚将球击向圈内学生,每人共三次机会。处在圈内的学生要躲避来球,如果被击中则马上出圈,等待同伴"解救"	练习要求: 1. 圈外的学生不能全部同时踢球,最多三人一起踢 2. 踢出去的球高度不能超过膝盖 3. 对学生的触球部位不作限制 练习要点: 1. 掌握合适的踢球力度 2. 触球中上部,以免将球击起,伤到同学

续表

教学内容	脚背正面射门		
基本部分 时间30分钟	1. 技术教学(5分钟)	1. 教师提问,引出本堂课教学内容 例:大家在玩游戏的过程中用了脚的哪些部位击球? 2. 教师运用语言法和直观法对学生进行脚内侧传地滚球的讲解与示范 3. 学生跟着教师做脚内侧传球的无球模仿动作练习	练习要求: 1. 学生与教师一起进行无球模仿练习 2. 学生体会脚背正面射门的完整动作 练习要点: 1. 无球模仿练习时体会脚触球的部位 2. 击球后踢球腿的随前动作
	2. 学生练习一(7分钟) 单个技术练习阶段	脚背正面射门辅助练习 组织规则: 1. 学生两人一组,一人将球踩住,一人进行助跑摆腿击球 2. 每人练习10次之后交换	练习要求: 1. 踢球的学生注意控制踢球的力度 2. 踩球的学生注意保护自身安全 练习要点: 1. 触球的部位是脚背正面 2. 脚背绷直,触球瞬间脚踝紧张 3. 触球的中上部

续表

教学内容	脚背正面射门		
基本部分 时间 30分钟	3. 学生练习二(8分钟) 技术组合练习阶段 分组竞赛 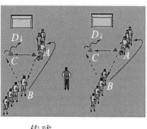 传球 ----> 运球 ~~~> 跑动 ===>	组织规则: 1. 学生分成不同小组,起点是A点,终点是D点 2. 处在A点的学生传球给B点的学生,传完球跑向C点,处在B点的学生接球后传球至C点,跑向C点的学生接球后,运球至D点,用脚背正面射门 3. 两个小组进行比赛,将球踢进球门多者获胜	练习要求: 1. 通过分组竞赛的方式将传球、接球、运球、射门组合练习 2. 学生练习时要遵循规则 练习要点: 1. 传球要具有准确性与力度 2. 运球之后的射门动作要保证完整性 3. 注意跑动与传球的时机
	4. 学生练习三(10分钟) 技术运用阶段 	运用比赛教学法和情境教学法,激励学生用脚背正面进行射门 6V6比赛(也可根据上课人数而定) 组织规则: 1. 在比赛场地规定区域内进行比赛,场地一共设置4个球门,双方各有2个 2. 用脚背正面射门得4分,脚部其他部位射门得1分 3. 比赛结束后得分高者获胜 4. 教师充当裁判员	练习要求: 1. 学生选择合理的得分方式 2. 不限制射门方式 3. 出现犯规情况马上暂停 练习要点: 1. 观察防守球员的位置,进攻方向要有选择性 2. 无球队员要积极呼应与跑动,增加团队合作

续表

教学内容	脚背正面射门		
结束部分 时间 5 分钟	总结(5分钟) 放松活动(静态拉伸),教师总结、点评	组织方法： 1. 成体操队形依次散开 2. 教师做静态拉伸示范,学生跟着教师做	练习要求： 拉伸时以学生主动拉伸为主 练习要点： 1. 总结本节课情况 2. 布置课后练习内容 3. 宣布下课,回收器材

3. 注意事项

（1）树立安全第一的思想。

（2）在单个技术掌握程度提高的同时不能让学生感到厌烦,注意教学方法的灵活运用。

（3）教学中注意,此阶段的学生使用4号球。

四、初中阶段技术教学

水平四的学生处在初中阶段,依据初中阶段学习目标,要求学生积极参与足球活动。此阶段教学应注重提高学生的组合技术能力和战术运用能力,通过足球比赛培养学生顽强拼搏的精神,树立自尊和自信。

1. 教学内容

根据初中阶段学生的身心特点以及足球运动规律,在此阶段的技术教学要使学生的单个技术达到全面与细腻的掌握程度,同时增加组合技术教学的占比,鼓励学生在技术运用中根据实际情况合理运用技术组合。

2. 教案示例

初中阶段教案示例如表6-12所示。

表 6-12　初中阶段教案示例

教学内容	脚内侧接高空球		
教学目标	1. 使90%的同学掌握脚内侧接高空球技术动作要点,能够比较准确地判断高空球的落点 2. 增加练习中各项技术组合以及提高在比赛和对抗条件下技术运用的合理性 3. 培养顽强拼搏的精神,树立自尊和自信		
结构	组织形式	组织方法	练习要求、要点
准备部分 时间 5 分 钟	热身游戏(5分钟)	运用游戏教学法激发学生的兴趣 游戏名称:看谁先触球 游戏规则: 1. 学生三人一组,一人负责手抛球,两人准备抢球 2. 处在左侧标志盘处拿球的学生用手将球抛至中间的标志盘处,站在右侧标志盘处的学生在球未落地之前要触碰球。谁先碰到谁赢,输了的同学去抛球	练习要求: 1. 可以利用合理的身体接触干扰对方触球,前提是不能犯规 2. 触球的同学可以用身体的任何部位触球 练习要点: 1. 抛球的同学注意抛球的力度与高度 2. 要在球落地之前触球
基本部分 时间 30 分 钟	1. 技术教学(5分钟)	1. 教师提问,引出本堂课教学内容 例:大家在"看谁先触球"的游戏中用了哪些部位触球? 2. 教师运用语言法和直观法进行脚内侧接高空球的讲解与示范 3. 学生跟着教师做脚内侧接高空球的无球模仿动作练习	练习要求: 1. 学生与教师一起进行无球模仿练习 2. 学生体会脚内侧接高空球完整动作 练习要点: 1. 无球模仿练习时体会脚内侧触球的部位 2. 膝关节和踝关节外展 3. 体会引撤缓冲来球力量动作

续表

教学内容	脚内侧接高空球		
基本部分 时间 30 分钟	2. 学生练习一（7分钟）单个技术练习阶段 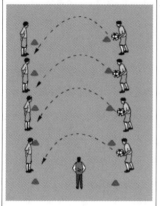	组织规则： 1. 学生两人一组，一人抛球，一人用脚内侧接高空球 2. 每人练习10次之后交换	练习要求： 1. 抛球的学生注意将球的落点控制在对面同学的脚附近 2. 接球的学生小碎步动起来，调整身体至最佳接球姿势 练习要点： 1. 脚触球的部位是脚内侧 2. 接球瞬间向后引撤缓冲
	3. 学生练习二（8分钟）技术组合练习阶段  备注： 传球 ------→ 运球 ～～～→ 跑动 ———→	组织规则： 1. 学生分成不同小组，分别站在 A、B、C 三处 2. 处在左右两侧 B 点的学生传高空球给 A 点学生，A 点学生用脚内侧接 B 点学生传来的高空球，停球后等待 B 点学生跑至 C 点，传高空球至 C 点学生，C 点学生接球后运球绕过标志桶至 D 点射门 3. 左右两侧传球可以同时进行也可单独进行，处在 B 点的学生完成射门后将球捡回，在 A 点学生后面排队。A 点的学生传完球之后去 B 点排队	练习要求： 1. 此练习结合了传球、接球、运球、射门技术 2. 不限制学生的传球、接球、运球、射门部位 练习要点： 1. 传球尽量越过人墙，传向接球人 2. 鼓励学生用脚内侧接传来的高空球 3. 注意跑动与传球的时机

续表

教学内容	脚内侧接高空球		
基本部分 时间 30 分钟	4. 学生练习三(10分钟) 技术运用阶段	运用比赛教学法和情境教学法,引导学生用脚内侧接高空球 7 V 7 分组竞赛(也可根据上课人数而定) 组织规则: 1. 在中间区域进行 3 V 3 对抗,哪支队伍率先传递三次球,就通过长传球转移到不同方向准备接应 2. 接应的同学用脚内侧接到球,则该队得 3 分,接应的球员传球给中间区域的队友,队友用脚内侧接得 3 分,用其他部位接球得 1 分 3. 比赛结束后得分高者获胜	练习要求: 1. 鼓励学生大胆传球 2. 不限制传接球的部位 3. 出现犯规情况马上暂停 4. 选择合理的得分方式 练习要点: 1. 快速完成中间区域的三次传递 2. 观察接应球员的位置 3. 队友之间要通过呼应配合
结束部分 时间 5 分钟	总结(5分钟) 放松活动(静态拉伸)、教师总结、点评	组织方法: 1. 成体操队形依次散开 2. 教师做静态拉伸示范,学生跟着教师做	练习要求: 拉伸时以学生主动拉伸为主 练习要点: 1. 总结本节课情况 2. 布置课后练习内容 3. 宣布下课,回收器材

3. 注意事项

(1) 树立以人为本的基本原则,在教学过程中注意学生人身安全。

(2) 单个技术练习阶段学生的掌握程度要达到快速与熟练,并通过多次课重复练习,在教学过程中注意练习方式和形式的选择,不要让学生出现厌倦情绪。

(3) 在技术运用阶段,对于恶意犯规情况应立刻制止,采用合理的方式教育学生,培养学生的规则意识。

(4) 此阶段的学生用球仍然以 4 号球为主。

(5) 教师应该根据实际的场地和学生人数进行练习场地的布置以及分组。

五、高中阶段技术教学

水平五的学生处在高中阶段,依据高中阶段学习目标,学生要通过足球养成良好的体育锻炼的习惯。此阶段教学应注重强化学生在对抗中技战术的综合运用能力,同时在足球活动中培养学生良好的进取和合作精神。

1. 教学内容

根据高中阶段学生的身心特点以及足球运动规律,在此阶段的技术教学要使学生的单个技术达到全面与细腻的掌握程度。此阶段是学生单个技术成型阶段,进一步学习在对抗条件下技术的合理运用,形成特长技术。

2. 教案示例

高中阶段的教案示例如表 6-13 所示。

表 6-13 高中阶段教案示例

教学内容	前额正面头顶球
教学目标	1. 使90%的同学掌握前额正面头顶球技术动作要点,面对头部高度的高空球时能够运用该项技术 2. 练习阶段增加组合技术,通过比赛培养学生技术运用的合理性 3. 使学生克服头顶球的恐惧心理,培养学生勇敢顽强的精神,树立自尊和自信,培养学生团队合作精神

续表

教学内容	前额正面头顶球			
结构	组织形式		组织方法	练习要求、要点
准备部分 时间 5 分钟	热身游戏(5分钟)		运用游戏教学法激发学生的兴趣 游戏名称:头顶运球接力 游戏规则: 1. 将学生分成不同小组(根据上课人数而定) 2. 每个小组的第一名学生穿不同颜色的衣服 3. 学生把足球放在头部,跑向对面再回来,期间可以用手辅助三次,超过三次则重新开始	练习要求: 1. 学生要遵循游戏规则,树立规则意识 2. 尽量将球控制在头部,尽量避免用手辅助 3. 不限制球在头部的具体位置 练习要点: 1. 注意跑动的速度 2. 保持球在头部的平衡 3. 选择头部接触面积较大的位置放足球
基本部分 时间 30 分钟	1. 技术教学(5分钟)		1. 教师提问,引出本堂课教学内容 例:大家在刚才的游戏中用了头部哪些位置放球? 2. 教师运用语言法和直观法进行原地前额正面头顶球的讲解与示范 3. 教师引导学生运用自主探究的方式探讨前额原地头顶球的技术动作要点	练习要求: 1. 教师做完示范之后,学生进行自主探究学习 2. 探究的过程中,可以几人一组一起讨论,或者做无球模仿练习 练习要点: 1. 教师鼓励学生主动学习 2. 做无球模仿动作时,要体会腰腹发力的过程

续表

教学内容	前额正面头顶球		
基本部分 时间 30 分钟	2. 学生练习一(7分钟) 单个技术练习阶段 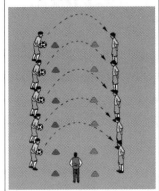	组织规则： 1. 学生两人一组进行原地前额正面头顶球的练习 2. 一人抛球，一人用前额正面将球顶传给抛球的同伴 3. 抛顶球 10 次后交换	练习要求： 1. 抛球的学生注意控制球的落点 2. 头顶球的学生注意移动脚步寻找最佳顶球位置 练习要点： 1. 双脚前后或者平行站立，双手架起保持身体平衡 2. 注意运用腰腹发力，球来之前下颚微收，眼睛注视来球，身体呈弯弓蓄力状态 3. 用前额正面触球的中下部
	3. 学生练习二(8分钟) 技术组合练习阶段 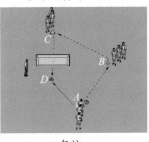 备注： 传球 ------▶ 跑动 ——▶	组织规则： 1. 处在 A 点的学生将球传给处在 B 点的学生 2. B 点的学生接到球之后将球传至 C 点 3. C 点的学生接到球之后等 A 点的学生跑到 D 点，传高空球至 D 点 4. 从 A 点跑到 D 点的学生用前额正面将球顶进球门	练习要求： 1. 尽量完成整个练习流程 2. 同伴之间传球要做到交流与呼应 3. 处在 C 点的学生如果不具备传高空球的能力可以选择用手抛 4. 不限制学生的传球部位 练习要点： 1. B 点的学生传接球衔接动作要做好 2. 从 A 点跑向 D 点的学生要判断球的落点 3. 前额正面顶球时触球的中下部

续表

教学内容	前额正面头顶球		
基本部分 时间 30 分钟	4. 学生练习三(10 分钟) 技术运用阶段	运用比赛教学法和情境教学法将所学的技术在对抗的条件下运用 组织规则： 1. 分组,7 V 7 对抗加守门员(根据上课人数确定分组) 2. 在禁区大小的区域内比赛,在对方球门区域设置两名我方队员,我方队员可以传球给他们,他们接球后可以选择用手抛给我方队员,我方队员用头顶球射门 3. 用脚射门得1分,用头顶球射门得 3 分。规定时间内积分多者获胜	练习要求： 1. 学生应遵循比赛规则 2. 加强与队友之间的呼应与交流 3. 鼓励采用得分机会最大的得分方式 4. 合理利用得分规则 练习要点： 1. 无球学生通过积极跑动创造接球空间 2. 底线附近的队员抛球时注意禁区内队员的跑动时机 3. 运用头部合理部位将球顶进球门
结束部分 时间 5 分钟	总结(5 分钟) 放松活动(静态拉伸),教师总结、点评	组织方法： 1. 成体操队形依次散开 2. 教师做静态拉伸示范,学生跟着教师做	练习要求： 拉伸时以学生主动拉伸为主 练习要点： 1. 总结本节课情况 2. 布置课后练习内容 3. 宣布下课,回收器材

3. 注意事项

(1) 树立以人为本的基本原则,在教学过程中注意学生人身安全。

(2) 单个技术练习阶段学生的掌握程度要达到全面与细腻,通过多次课堂练习以及课后练习提高学生单个技术的掌握程度。

(3) 在对抗和比赛过程中教师要注意恶意犯规的情况,一旦出现立刻制止。

(4) 此阶段在教学、训练及比赛中均选择使用成人用的 5 号球。

(5) 教师应该根据实际的场地和学生人数进行练习场地的布置以及分组。

六、说明

当前中小学生足球水平不一,各地可因地制宜、因校制宜,选择不同阶段中的教学内容。教师应在教学实施前充分了解学生足球技能基本情况,选择难度适宜的学习内容进行教学,做到因材施教。例如针对处在初中阶段的足球零基础的学生,可以选取水平一至水平三的教学内容进行教学,降低学习难度,循序渐进,通过 3~5 年的规范教学,逐步过渡到能够完成《指南》规定的学习内容,实现规定的学习目标。

第三节 战术教学课教案示例

一、教学对象

根据《体育与健康课程标准》对学生心理健康与社会适应方面的要求,战术教学的对象为水平三到水平五的学生。

二、教学内容

应根据教学对象的身心发展特征和学习内容的特点选择合适的战术教学内容,如表 6-14 所示。

表 6-14 战术教学内容

水平等级	适用年级	教学内容
水平三	五年级	2 V 1、3 V 1、3 V 2 的进攻练习
	六年级	2 V 2、3 V 2、3 V 3 等局部三人以下的攻防练习

续表

水平等级	适用年级	教学内容
水平四	七年级	角球、界外球的攻防；1Ｖ2、2Ｖ3、3Ｖ4等局部少防多练习；3Ｖ2、4Ｖ3、5Ｖ4等局部多防少练习；五人制或七人制的小场地全队攻防对抗练习
	八年级	3Ｖ2、4Ｖ3局部多打少的攻防练习；3Ｖ3、4Ｖ4、5Ｖ5的局部攻防练习；罚球区附近的任意球攻防；五人制或七人制的小场地全队攻防练习
	九年级	任意球攻防；边路传中、中路渗透以及转移进攻等局部进攻战术；4Ｖ4前场快攻战术；应对快攻下底传中战术、中路渗透以及转移进攻的防守练习；十一人制整体进攻防守练习
水平五	高一	1Ｖ2的个人攻防战术；2Ｖ3的小组攻防战术；中路与边路的攻防练习；十一人制比赛的全场攻防练习
	高二	前锋与前卫的边路协同攻防练习；前卫与后卫的协同攻防练习；十一人制比赛的阵形
	高三	前锋与前卫的前场协同攻防练习；前卫与后卫的协同控制球和防守练习；角球、任意球、界外球攻防练习；十一人制的比赛攻防练习

三、教案示例

战术教学教案示例如表 6-15 至表 6-17 所示。

表 6-15　案例一（适用教学对象为水平三的学生）

教学内容	二过一战术
教学目标	1. 使学生了解并掌握有关二过一战术的知识 2. 在强度递增的过程中加强学生的二过一配合的运用能力 3. 增强学生积极配合的意识以及团队精神

续表

教学内容结构	二过一战术		
时间	组织形式	组织方法	练习要求、要点
准备部分 时间 5分钟	热身(5分钟)	1. 每10人一列，2人一组。2人一球，两列间隔5米，进行行进间30米的传球练习 2. 练习开始时向自己的搭档前方传球，到达设置的标志盘后，一次练习结束，从两侧带球回到对侧队伍尾端	1. 要求学生在接球前提前观察队友的跑位 2. 要求学生选择合适的脚法来传球，在这个练习中以脚弓传球为主，要注意左右脚均衡练习 3. 传球队员在传球后要快速移动并向队友要球
基本部分 时间 30分钟	练习一(10分钟)	1. 每10人一列，2人一组。2人一球，两个标志盘间隔5米，两个标志盘代替的球门间隔约50厘米。练习开始前安排两名防守队员站在标志盘处消极防守 2. 开始后，连续两次进行二过一配合的练习，最后完成射门。一组练习结束后，下一组队员先作为防守队员来防守，随后再开始练习。练习结束后回到队尾	1. 要求学生在接球前提前观察队友的跑位 2. 根据队友跑动的线路选择合理的传球路线，并避过防守者覆盖的防守范围 3. 衔接要快，尽量不停球直接传球 4. 传球给队友射门时要考虑传球力度

教学内容	二过一战术		
基本部分 时间 30分钟	比赛(20分钟) 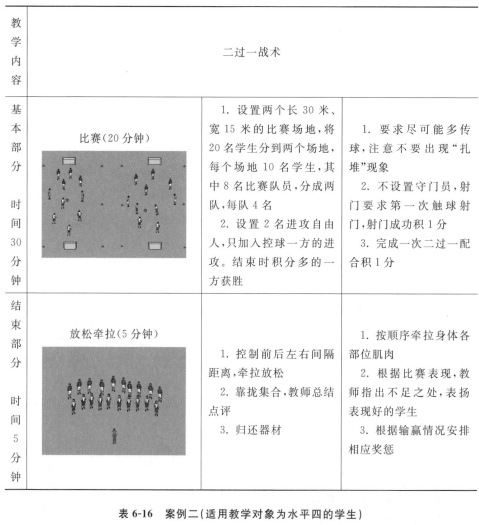	1. 设置两个长30米、宽15米的比赛场地,将20名学生分到两个场地,每个场地10名学生,其中8名比赛队员,分成两队,每队4名。 2. 设置2名进攻自由人,只加入控球一方的进攻。结束时积分多的一方获胜	1. 要求尽可能多传球,注意不要出现"扎堆"现象 2. 不设置守门员,射门要求第一次触球射门,射门成功积1分 3. 完成一次二过一配合积1分
结束部分 时间 5分钟	放松牵拉(5分钟)	1. 控制前后左右间距离,牵拉放松 2. 靠拢集合,教师总结点评 3. 归还器材	1. 按顺序牵拉身体各部位肌肉 2. 根据比赛表现,教师指出不足之处,表扬表现好的学生 3. 根据输赢情况安排相应奖惩

表 6-16　案例二(适用教学对象为水平四的学生)

教学内容	下底传中战术
教学目标	1. 使学生了解并掌握下底传中战术相关知识 2. 在比赛过程中加强边路进攻的配合以及多打少情景下的进攻配合 3. 锻炼学生积极配合的意识以及顽强拼搏的精神

续表

教学内容	下底传中战术		
结构	组织形式	组织方法	练习要求、要点
准备部分 时间 5 分钟	热身（5分钟）	1. 每 10 人一组，每组设置两个边长为 15 米的菱形场地 2. 开始时每个菱形练习场地内有 5 人，其中一人接应，一人进行传跑练习 3. 练习队员在菱形顶点处完成 3 次传跑练习后则算完成练习，并作为接应队员开始下一轮练习。原接应队员则到下一个场地进行练习	1. 传球前要观察队友的跑位 2. 选择合适的传球脚法 3. 前后快速跑动接应队友
基本部分 时间 30 分钟	练习一（10分钟）	1. 每 5 人一组，分成 4 个小组。一个小组内分别安排 1 名防守队员和 4 名进攻队员 2. 练习由前卫传球至前锋，前锋做球，由前卫长传转移至边路，再由边路完成传中 3. 完成一次传中进攻后则轮到下一组进行练习	1. 4 人进攻小组明确自己的跑位线路 2. 传接球衔接要快速 3. 要求传中队员绕开防守队员传球，包抄抢点的队员要明确负责包抄的区域

续表

教学内容	下底传中战术		
基本部分 时间 30 分钟	比赛（20 分钟）	1. 每 10 人一组，设置两个长 30 米、宽 20 米的场地，在离边线 5 米处设置一个"边路通道"，不得抢"边路通道"队员的球，不安排守门员 2. 每队 4 名队员，另外 2 名队员在"边路通道"内作为进攻方的边路队员，完成传中	1. 明确场上位置，边路队员传中时，其他队员要在门前抢点射门 2. 边路传中直接进球积 3 分，边路传中停球后射门成功积 2 分，其他方式射门成功积 1 分
结束部分 时间 5 分钟	放松牵拉（5 分钟）	1. 控制前后左右间隔距离，牵拉放松 2. 靠拢集合，教师总结点评 3. 归还器材	1. 按顺序牵拉身体各部位肌肉 2. 根据比赛表现，教师指出不足之处，表扬表现好的学生 3. 根据输赢情况安排相应奖惩

表 6-17　案例三（适用教学对象为水平五的学生）

教学内容	长传转移战术
教学目标	1. 使学生了解并掌握长传转移战术的相关知识 2. 在练习和比赛过程中培养学生良好的视野以及合理跑位的能力 3. 培养学生沉着冷静以及良好沟通的能力

续表

教学内容	长传转移战术		
结构	组织形式	组织方法	练习要求、要点
准备部分 时间 5 分钟	热身(5分钟)	1. 将20名学生中的16名学生分成4组,每组分别到外围的4个由标志盘围成的长、宽均为7米的区域进行传接球练习。剩余的4名学生作为防守者,先在中间标志盘围成的区域等待开始口令 2. 听到开始口令后,中间的防守队员各自选择一个组进行抢截球。断球成功则与被断球队员交换身份继续练习。被断球者到中间区域等待新的被断球队员产生后进入其场地抢球	1. 因为抢球队员是从中间区域出发抢球,部分传球队员视野有限,传球练习队员之间要相互交流,提醒背对防守队员的队员身后的情况 2. 传球练习时,组内接球要积极,要积极横向移动接应持球队员
基本部分 时间 30 分钟	练习(10分钟)	1. 将学生分成5个小组,每小组4人,其中一组为进攻自由人组。每个场地10人,包括两个小组和两个中间人。每个场地分成三个长、宽均为10米的区域 2. 中间人加入持球的一方,防守方抢截球成功后即成为持球方	1. 在一个区域内完成6次传球,则积1分。相邻两个区域内完成10次传球积1分。完成一次跨区域传球积1分 2. 近端进攻不畅时要多观察中远距离队友所在处 3. 有较好接球位置时注意提醒队友并要球

续表

教学内容	长传转移战术		
基本部分 时间 30 分钟	比赛（20分钟）	将十一人制球场适当缩小，在角球区设置两个小球门，不设置守门员。不能直接射门，只能一次触球射门	1. 射进大球门得分积2分，射进小球门得分积1分 2. 要求学生在进攻受阻时要耐心，适时利用长传转移进攻方向
结束部分 时间 5 分钟	放松牵拉（5分钟）	1. 控制前后左右间隔距离，牵拉放松 2. 靠拢集合，教师总结点评 3. 归还器材	1. 按顺序牵拉身体各部位肌肉 2. 根据比赛表现，教师指出不足之处，表扬表现好的学生 3. 根据输赢情况安排相应奖惩

第七章　课外业余训练

第一节　代表队组建原则及策略

校园足球具有育人、普及足球人口和选拔培养优秀足球后备人才等多重功能。在日常体育课中开展足球的基础教学,让更多的孩子接触足球,属于发挥校园足球的普及功能;而面对全校学生,根据学生日常运动表现、测试评分等,选拔、组建学校代表队,开展日常课外业余训练,代表学校参加各级足球赛事,则是发挥校园足球选拔培养优秀后备人才的功能。学校选拔、组建代表队的工作,需要以相应的建队原则为指导,根据相应的组织策略去开展,从而形成一套完整的建队方案,为相关工作的延续开展提供模式参考。

一、代表队组建原则

组建一支代表队需要从长远考虑,掌控全局的发展。选拔什么样的学生,采取什么样的战术打法,确定什么样的目标等,都需要根据现实情况确定基调,所以确定组建原则是建队工作的第一步。为此,我们总结出"保证最高实力水平、保证合理的人员结构、侧重竞技能力全面的学生、组织雄厚的替补力量、着眼未来发展前景、以育人为首要目标"六条原则,作为一般建队原则,供大家参考。

1. 保证最高实力水平

学校代表队,代表的是学校的荣誉,通过参加各级别的足球赛事、活动,提高学校的知名度和影响力。面向本校,选拔最具天赋,最具实力的学生,组建最高实力水平的代表队是代表队组建的首要原则,也符合竞技体育运动要求,符合学校、学生、教练等多方意图。组建代表学校最高实力水平的队伍,应综合考虑人员配置、人员结构、未来前景、成绩目标等因素,此处的最高水平,应是最具发展前景、最有竞争力的最高水平。

2. 保证合理的人员结构

足球是一项多人的团队运动,为了适应区域划分、节奏控制、无球跑动的需要,应对全队队员进行位置排列和职责分工。组建代表队也需要考虑各个位置的人员配置,保证最合理的人员结构,避免某一位置人员过度重叠,而另一位置人员紧俏,因人员结构问题影响整体的实力水平。我们根据场地区域,可以将人员分类为:守门员、后场球员、中场球员、前场球员。根据不同的赛制、不同的战术打法和不同的阵形,每个位置的球员数量都不同,要确保形成最优方案,合理组织人员结构。

3. 侧重竞技能力全面的学生

在进行测试选拔时,不同特点的学生可能难以比较,但是对于那些竞技能力全面、速度快、耐力好、灵敏、协调、意识等各方面都不错的学生,应该优先考虑。这类学生经过培养,可以适应多个位置,不仅能优化人员结构,还能提高队伍的实力水平,是不可多得的运动人才。

4. 组织雄厚的替补力量

足球比赛不仅仅是场上首发队员的比赛,也是考验替补队员实力的比赛。如果因为更换一名替补队员上场,代表队的实力水平就大打折扣,那么替补力量的不足就会成为代表队实力提升的障碍。组建代表队不仅仅需要选拔首发队员,也要同时选拔出优秀的替补队员,加强代表队的"板凳"实力。

5. 着眼未来发展前景

校园足球的发展需要时间沉淀,足球要从娃娃抓起,代表队的组建也需要着眼于未来,要有短期目标,也要有长远的规划。如上所说,保证最高实力水平,就应是最具发展前景、最有竞争力的最高水平,在充分考虑当前最优实力的同时,还应着眼低年龄段学生的培养,确保代表队的接续发展,保证实力水平的不断提高,不断提升代表队的目标层次,完成长远规划。如有条件,可在组建最高实力水平代表队的同时,组建一支低年龄段的预备梯队,填补每年因为学生毕业而造成的位置空缺。

6. 以育人为首要目标

校园足球是学校教育形式之一,应该深入挖掘和充分发挥其育人价值和功能。"立德树人"是学校的最基本目标,校园足球也是达成这一核心目标的良好教育形式。代表队通过不同类型的训练课,发挥校园足球不同的育人目标。足球体能训练课,能有效增强学生身体素质,磨砺意志品质;足球技战术训练课,能培养学生的团队精神、集体荣誉感,形成规则意识;而社会适应类的训练则穿插在日常训练中,培养学生抗压抗挫、诚信顽强、健康心理等素养。成绩目标不应作为代表队的唯一目标,育人目标更应该排在首位。

二、代表队组建策略

1. 筹备

（1）报备：代表队组建前期，首先应根据学校工作制度要求向相关校领导进行申请报备，确定代表队选拔、组建方案，经领导批准后再进行具体的实施工作。

（2）通知：联系各班班主任，推荐运动能力突出的学生参加代表队选拔测试，对在体育课、学校运动会和其他体育活动中表现突出的学生，应重点关注。

2. 选拔

具体的选拔项目主要分为体能、技能和比赛三项，各项目所占权重可按照 2.5：2.5：5 的比例设置（可根据实际情况进行比例调整，若是零基础的学生，则体能评分占比应大于技能评分占比。但是比赛评分占比应始终高于其他两项）。

1）体能测试

体能测试的主要测试指标如表 7-1 所示，主要测试方法如表 7-2 所示。

表 7-1 体能测试的主要测试指标

指标	要　点
爆发力 （重点）	足球运动员的爆发力素质主要体现在快速启动、急停急转上，更多的是对下肢肌肉克服阻力产生最大加速度的评价
速度	现代足球节奏越来越快，速度是选拔足球运动员的重要指标，主要考虑动作速度、位移速度和反应速度
耐力	足球比赛的时间持续较长，对运动员的耐力要求较高。耐力指标主要考察无氧耐力和有氧耐力
协调 （重点）	主要考察运动员不同系统、不同部位协同配合完成技术动作的能力。运动员协调能力的好坏，对运动员后期的提高有很大影响
灵敏	主要考察在变换条件的情况下，运动员能够迅速、准确、协调地改变身体运动的空间位置和运动方向的能力

表 7-2 体能测试的主要测试方法

指标	测试方法
爆发力 （重点）	立定跳远、5 米 3 向折返跑、30 米跑
速度	绳梯、30 米跑、50 米跑、100 米跑，以及各种指令回应、条件回应速度测试

续表

指标	测试方法
耐力	一分钟障碍跑、400米、800米、1500米、5×25米折返跑
协调（重点）	绳梯、侧向交叉步跑、跳跃转向、坐（跪、躺）姿启动跑、前滚翻跑、侧滚翻跑
灵敏	绳梯、各种绕障碍跑、变向跑等组合测试

其中,折返跑测试如图7-1所示,绕障碍跑测试如图7-2所示。

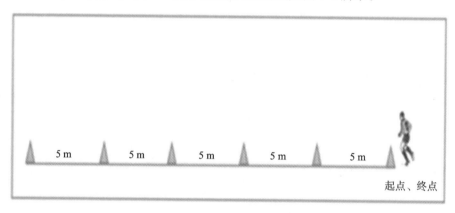

图7-1　折返跑测试

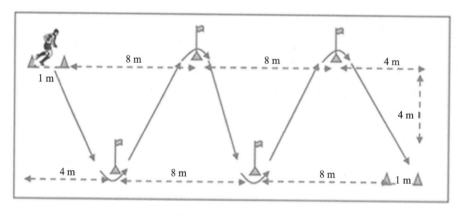

图7-2　绕障碍跑测试

2）技能测试

技能测试的主要测试指标如表7-3所示,主要测试方法如表7-4所示。

表 7-3　技能测试的主要测试指标

指　标	要　点
传接球技术	传接球技术是足球团队运动中必不可少的基础技术
运控球技术	运控球技术是个人技术中最核心、最基础的部分,是足球运动各项基础技术的前提与保证
射门技术	射门是完成一次进攻最后也是最重要的步骤,门前的灵感与生俱来
守门技术	"一个好门将能顶半支队伍","进攻赢得胜利,防守赢得冠军",守门员是足球比赛中必不可少的一员

表 7-4　技能测试的主要测试方法

指　标	测 试 方 法
传接球技术	5米短距离传接球、20米中距离传接球、30米以上长距离传接球、身体各部位的接球能力、头顶球技术等组合或单一项目测试
运控球技术	各部位颠球、运球绕障碍、1V1攻防等组合或单一项目测试
射门技术	推射、抽射、弧线球射门、半高球射门、高空头球射门等组合或单一项目测试
守门技术	地面球、半高球、高空球、扑接球、托球、拳击球、发球等组合或单一项目测试

其中,快速运球绕障碍测试如图 7-3 所示,带球踢准测试如图 7-4 所示。

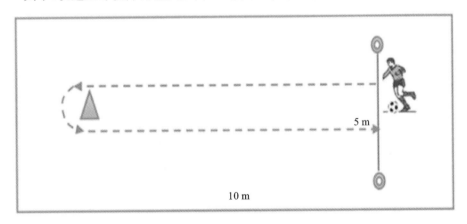

图 7-3　快速运球绕障碍测试

3) 比赛

比赛的主要考察指标如表 7-5 所示,组织方法示例如表 7-6 所示。

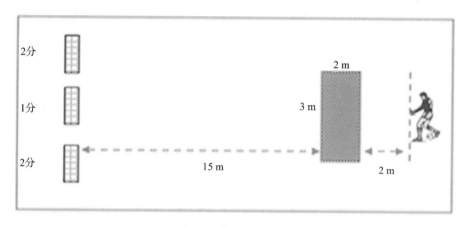

图 7-4 带球踢准测试

表 7-5 比赛的主要考察指标

指标		要 点
专业能力（重点）	比赛阅读能力	足球比赛的阅读能力也叫作球商，主要观测运动员能否理解意图，推动比赛发展，并且根据场上形势，合理运用各项技术应对
	进攻能力	主要观测运动员的突破能力、配合意识、跑位能力、传威胁球能力、组织能力、射门得分能力等进攻技术和进攻战术能力，以及守门员发动进攻方面的技术和战术能力
	防守能力	主要观测运动员的身体对抗能力、抢截球能力、头球争顶能力、防守站位、补位意识等防守技术和防守战术能力，以及守门员的合理移动和正确做出技术动作的能力
个人特点	进攻端	速度突出，灵动，身高突出，门前抢点能力突出，盘带突破能力突出，传球能力突出等
	防守端	勇敢，身高突出，强壮，头球能力突出，基本功扎实、稳健，对抗能力突出，抢截球能力突出等
	守门员	身高臂长，手掌宽大，爆发力突出，弹跳好，勇敢，性格外向，善交流
精神品质	领导力	组织能力、感染力等
	意志品质	勇气、挫折商等
	社会适应能力	沟通交流能力、合作能力等

表 7-6　比赛的组织方法示例

比赛类型	组织方法
5 V 5	除守门员外,按 4 个人一组均分成若干组,5 分钟一场,教练员组织安排上下场的队伍,循环后重新分队,将综合能力强的学生单独成队比赛
8 V 8	除守门员外,按 7 个人一组均分成若干组,10 分钟一场,教练员组织安排上下场的队伍,循环后重新分队,将综合能力强的学生单独成队比赛
11 V 11	将学生分成主力和替补两支队伍进行 30 分钟比赛,再将主力和替补混合,重新组织两支队伍进行 30 分钟比赛

3. 组建

根据选拔情况筛选出最具实力的学生,组建成队,学生名单成册交至学校及各班班主任处,召开代表队建队家长交流会,明确训练计划安排,明确训练要求,开始有序组织训练。

第二节　训练计划制定

训练计划是指整个训练过程开始前对训练活动预先做出的理论设计,包含全程性的多年训练计划、年度训练计划、大周期训练计划(结合学校时间改为学期训练计划)、月度训练计划、周训练计划和课训练计划。

一、多年训练计划

多年训练计划是对一个运动员整个运动生涯进行系统性规划的大工程,其包含运动员不同发展时期的基础训练阶段、专项提高阶段、最佳竞技阶段、经济保持阶段。每一阶段的主要任务和负荷特点都不同,需要教练员把握阶段发展规律,制定训练计划。表 7-7 所示的小学足球队学生 6 年成长规划即为一种多年训练计划。

表 7-7　小学足球队学生 6 年成长规划

训练阶段	年级	主要任务	训练重点内容	主要训练方法
基础阶段	一年级	激发兴趣 打好基础	1. 通过各类足球游戏激发学生对足球运动的兴趣 2. 培养学生基本运动能力和正确运动动作(跑、跳、翻滚等)，尤其是协调和平衡能力 3. 掌握基本足球技术，重点是球性球感和运球两项控制球的基本能力 4. 培养学生积极、勇敢、不服输、相互鼓励、求胜等品质和素质 5. 培养学生抬头观察、主动交流的能力和意识 6. 1Ｖ1 竞赛	游戏法
基础阶段	二年级	激发兴趣 打好基础	1. 通过各类足球游戏提高学生对足球运动的兴趣 2. 培养学生基本运动能力(跑、跳、翻滚等)，尤其是协调和平衡能力 3. 掌握足球基本技术，培养球性球感，传、接、运、控、射技术全面发展 4. 培养学生积极、勇敢、不服输、相互鼓励、求胜等品质和素质 5. 通过比赛领会"进球与阻止进球"这一足球基本战术思想，强化足球意识 6. 1Ｖ1 比赛为主，2~3 人小组比赛为辅	游戏法 分解法 重复法

续表

训练阶段	年级	主要任务	训练重点内容	主要训练方法
提高阶段	三年级	技术全面 适应比赛	1. 进一步提高学生对足球运动的兴趣 2. 学生正确掌握跑、跳、急停急启等技术；运动能力有一定提高 3. 熟练掌握足球基本技术，保持球感，传、接、运、控、射单一或组合技术全面发展 4. 培养学生的纪律性以及努力、自觉、积极、勇敢、不服输、相互鼓励、求胜、团结等品质和素质 5. 通过比赛领会"团队配合"这一足球战术思想，初步掌握 5 人制相关阵形，培养位置意识，了解各位置职责，强化团队意识 6. 队内 5 人制分队比赛为主，校外小型正式比赛为辅	游戏法 分解法 重复法 比赛法
	四年级		1. 进一步提高学生对足球运动的兴趣 2. 进一步提高学生的各项运动能力 3. 熟练掌握足球基本技术，强化球感和各单一技术能力，熟练运用各项组合技术 4. 培养学生的纪律性以及努力、自觉、积极、勇敢、不服输、相互鼓励、求胜、团结等品质和素质 5. 掌握 5 人制足球主要阵形，能较熟练做出多人间的战术配合，能适应多个位置，团队意识强烈 6. 参加中小型正式比赛为主，队内比赛为辅	分解法 重复法 比赛法

续表

训练阶段	年级	主要任务	训练重点内容	主要训练方法
成熟阶段	五年级	技战术成熟 争创佳绩 特长升学	1. 持续提高学生对足球运动的兴趣 2. 学生的各项运动能力达到小学阶段巅峰水平 3. 学生的各项技术能力达到最熟练水平 4. 培养学生的纪律性以及努力、自觉、积极、勇敢、不服输、相互鼓励、求胜、团结等品质和素质 5. 熟练掌握5人制足球主要阵形,初步掌握8人制足球相关阵形,能执行教练的战术意图,熟练做出多人间的战术配合,能适应多个位置,团队意识强,比赛经验足 6. 参加重要大型比赛为主,中小型比赛为辅	重复法 比赛法
	六年级			

二、年度训练计划

年度训练计划是依据多年训练计划,对整个年度的重大比赛进行训练部署的总体规划,一般分为上、下学期两个阶段来具体实施。

案例展示(见表 7-8)

(一)基本任务

市运会前三。

(二)训练时数

按照一个学年来确定,除去寒暑假、国庆假日以及其他活动导致无法训练的时间,把整个训练周期设置为32周,每周5次训练,每次1.5小时,共计32×5×1.5=240小时。

(三)主要比赛

(1)5—6月:市运会(重要)。

(2)11—12月:区联赛(次要)。

表 7-8 年度训练计划

阶段	时期	时数	内容	比例	方法	负荷	日程
阶段一	准备期	8周 60课时	1. 全面提升学生足球技术、技能水平 2. 全面发展学生足球体能、心理、智能素质	身体:30% 技术:50% 战术:10% 其他:10%	以持续、重复为主	量:中高 强度:中低	2—4月
阶段一	赛前准备期	4周 30课时	1. 全面提升学生足球战术水平和比赛能力 2. 着力发展体能和心理素质,保持智能发展	身体:25% 技术:30% 战术:35% 其他:10%	比赛训练法、游戏训练法	量:中 强度:中高	4—5月
阶段二	比赛期	4周 30课时	1. 模拟比赛 2. 加强心理训练	身体:20% 技术:25% 战术:40% 其他:15%	比赛	量:中低 强度:高	5—6月
阶段二	恢复期	2周 15课时	1. 消除疲劳,促进恢复 2. 总结改进	身体:50% 技术:20% 战术:10% 其他:20%	重复法、游戏法、看录像	量:中低 强度:中低	6—7月
阶段三	准备期	4周 30课时	1. 根据阶段二的表现,进行针对性的改善和提高 2. 全面发展学生体能、心理、智能素质	身体:30% 技术:50% 战术:10% 其他:10%	以持续、重复为主	量:中高 强度:中低	9—10月

续表

阶段	时期	时数	内容	比例	方法	负荷	日程
阶段三	赛前准备期	4周 30课时	1. 根据阶段二的表现，进行针对性的改善和提高 2. 根据对手特点，进行针对性战术训练 3. 着力发展体能和心理素质，保持智能发展	身体:25% 技术:30% 战术:35% 其他:10%	比赛训练法、游戏训练法	量:中 强度:中高	10—11月
阶段四	比赛期	4周 30课时	1. 模拟比赛 2. 加强心理训练 3. 培养后备学生	身体:20% 技术:25% 战术:40% 其他:15%	比赛	量:中低 强度:高	11—12月
	恢复期	2周 15课时	1. 消除疲劳，促进恢复 2. 全年总结改进	身体:50% 技术:20% 战术:10% 其他:20%	重复法、游戏法、看录像	量:中低 强度:中低	12—1月

三、学期训练计划

根据学校教学时间的特点，制定学期训练计划。相对于年度训练计划，学期训练计划更加详细，按月份进行规划，确定整个学期的任务目标。

案例展示：年度第一学期（见表7-9）

（一）主要任务

（1）全面提升代表队竞技水平。

（2）备战市运会。

（二）训练时间

每周一至周五下午4:30—6:00，周末友谊赛。

（三）主要比赛

5—6月市运会。

表 7-9　学期训练计划

期间	月份	学期目标	比例	训练量	训练强度
准备期	2	技能:重点提高传、停、运、控、射各单项技术的能力,辅助训练各技术的组合运用能力 体能:全面发展力量、速度、耐力、灵敏、协调等 战能:重点练习个人攻防能力,辅助练习 2 人小组攻防,点球训练 心理:积极向上的心态、保持专注、自勉自励、团结 智能:提高足球认知,培养运动适应能力	身体:30% 技术:50% 战术:10% 其他:10%	中低	低
准备期	3	技能:重点提高各组合技术的运用能力,强调合理 体能:全面发展力量、速度、耐力、灵敏、协调等 战能:重点练习个人攻防能力,辅助练习 2 人及以上小组攻防,点球训练 心理:积极向上的心态、保持专注、自勉自励、团结、主动人际交流 智能:提高足球认知,培养快速观察、判断、决定的能力及良好的思维能力	身体:30% 技术:50% 战术:10% 其他:10%	中	中低
准备期	4	技能:重点提高各组合技术的运用能力,强调合理和创造 体能:全面发展力量、速度、耐力、灵敏、协调等 战能:重点练习 2 人小组攻防能力,辅助练习 3 人及以上小组攻防,点球训练 心理:积极向上的心态、保持专注、自勉自励、团结、主动人际交流、抗压能力 智能:提高足球认知和阅读比赛能力,培养快速观察、判断、决定的能力及良好的思维和自省能力	身体:30% 技术:50% 战术:10% 其他:10%	中高	中低

续表

期间	月份	学期目标	比例	训练量	训练强度
赛前准备期	5	技能:重点提高各组合技术的运用能力,强调合理和创造 体能:全面发展力量、速度、耐力、灵敏、协调等 战能:重点比赛、整体阵形攻防演练,辅助角球、任意球的进攻和防守训练,点球训练 心理:保持专注、积极向上的心态、自勉自励、团结、抗挫折能力、抗焦虑能力,控制情绪 智能:提高足球认知和阅读比赛能力,培养快速观察、判断、决定的能力及良好的思维和自省能力	身体:25% 技术:30% 战术:35% 其他:10%	中	中高
比赛期	6	赛前每周1~2场热身赛,赛中根据比赛总结问题,通过训练改进,取得目标成绩		中	高

四、月度训练计划

月度训练计划是连接周与周目标的桥梁,以周为单位,确定月度训练目标和主要训练任务。

案例展示1:赛前准备期(见表7-10)

(一)主要任务

进入赛前准备期,积极备战市运会。

(二)训练时间

每周一至周五下午4:30—6:00,周末安排热身赛。

表 7-10　月度训练计划 1

周次	目的	课次	训练主题	负荷
第一周	由小组对抗引入整体传控,合理运用二过一、间接二过一技术,点球训练	1	速度、灵敏、协调素质训练、基本技术训练 2Ⅴ2、3Ⅴ2、3Ⅴ3演练 半场对抗、点球大战	75%
		2	力量、耐力素质训练、基本技术训练 二过一、间接二过一套路演练 全场对抗、点球大战	85%
		3	速度、灵敏、协调素质训练、基本技术训练 二过一、间接二过一套路演练 全场对抗、点球大战	85%
		4	速度、灵敏、协调素质训练、基本技术训练 3Ⅴ3+2传控练习 全场对抗、点球大战	80%
		5	队内赛	100%
第二周	由整体传控引入阵形攻防演练,使学生能熟练了解阵形、位置和其中变化;点球训练	1	力量、耐力素质训练、基本技术训练 4Ⅴ4+2传控练习 全场对抗、点球大战	80%
		2	速度、灵敏、协调素质训练、基本技术训练 2-2阵形演练 全场对抗、点球大战	85%
		3	速度、灵敏、协调素质训练、基本技术训练 2-2阵形演练 全场对抗、点球大战	95%
		4	速度、灵敏、协调素质训练、基本技术训练 3-1、1-3阵形演练 全场对抗、点球大战	85%
		5	队内赛	100%

续表

周次	目的	课次	训练主题	负荷
第三周	学会高位逼抢和收缩防守,点球训练	1	速度、灵敏、协调素质训练、基本技术训练 3-1变2-2阵形演练 全场对抗、点球大战	80%
		2	力量、耐力素质训练、基本技术训练 高位逼抢演练 全场对抗、点球大战	95%
		3	速度、灵敏、协调素质训练、基本技术训练 收缩防守演练 全场对抗、点球大战	90%
		4	视频学习	0
		5	队内赛	100%
第四周	熟练掌握角球、任意球攻防的站位和跑位;促进恢复,以最佳状态参加比赛;点球训练	1	速度、灵敏、协调素质训练、基本技术训练 角球攻防演练 全场对抗、点球大战	75%
		2	视频学习	0
		3	速度、灵敏、协调素质训练、基本技术训练 任意球攻防演练 全场对抗、点球大战	75%
		4	速度、灵敏、协调素质训练、基本技术训练 网式足球	60%
		5	速度、灵敏、协调素质训练、基本技术训练 抢圈游戏、点球大战	60%

案例展示2:准备期(见表7-11)

(一)主要任务

准备期,发展各项身体素质和技术。

(二)训练时间

每周一至周五下午4:30—6:00。

(三)主要比赛

无。

表 7-11　月度训练计划 2

周次	目的	课次	训练主题	负荷
第一周	传接球技术训练	1	速度、灵敏、协调素质训练，球性、球感 短传技术训练 无球门对抗	75%
		2	力量、耐力素质训练，球性、球感 多部位停球技术训练 全场对抗	85%
		3	速度、灵敏、协调素质训练，球性、球感 长传球技术训练 全场对抗	85%
		4	速度、灵敏、协调素质训练，球性、球感 传接球组合训练 全场对抗、点球大战	80%
		5	友谊赛	100%
第二周	运控球技术训练	1	力量、耐力素质训练，球性、球感 多部位运球技术训练 运球竞赛，1 V 1	80%
		2	速度、灵敏、协调素质训练，球性、球感 多部位控球训练 半场无球门小组控球对抗	85%
		3	理论学习（裁判法、心理引导）	0
		4	速度、灵敏、协调素质训练，球性、球感 小组传控 团队传控对抗	85%
		5	友谊赛	100%

续表

周次	目的	课次	训练主题	负荷
第三周	射门技术提高	1	速度、灵敏、协调素质训练 正脚背射门技术 小范围小组射门对抗	80%
		2	力量、耐力素质训练 脚背内侧和外脚背弧线射门技术 半场对抗	95%
		3	速度、灵敏、协调素质训练 头球射门技术 边路传中抢点对抗	90%
		4	力量、耐力素质训练 多种脚法射门组合 全场对抗	90%
		5	友谊赛	100%
第四周	传接运控射组合训练	1	速度、灵敏、协调素质训练 基本技术组合训练,点球 全场对抗	75%
		2	视频学习	0
		3	速度、灵敏、协调素质训练 基本技术组合训练 全场对抗、点球大战	85%
		4	速度、灵敏、协调素质训练 基本技术组合训练 网式足球	80%
		5	队内比赛	100%

五、周训练计划

周训练计划是在一周内具体实施的训练计划。根据训练任务和内容不同,各周可以分为基本训练周、赛前训练周、比赛周、恢复周四种类型。

案例展示1:赛前训练周(见表7-12)

(一)主要任务

阵形演练,帮助学生找到比赛状态,提升队伍士气。

(二)训练时间

每周一至周五下午4:30—6:00,周末安排热身赛。

(三)主要比赛

市运会。

表7-12　周训练计划1

课次	热身+基础(30分钟)	主要部分(50分钟)	结束部分(10分钟)	负荷
1	原地传接球 动态拉伸 各种动态传接球	4V4+2传控 对抗 点球	下肢力量+折返跑 静态牵拉,讲解	80%
2	运球过障碍 动态拉伸 变向冲刺跑 ④1V1、2V2	2-2阵形演练 对抗	点球 静态牵拉,讲解	85%
3	步伐练习 小范围控球 动态拉伸 抢圈	2-2阵形演练 对抗	点球 静态牵拉,讲解	95%
4	动态拉伸 步伐、冲刺组合练习 运球过障碍射门 接来球射门	3-1、1-3阵形演练 对抗	点球 静态牵拉,讲解	85%
5	热身操 传接球 半场3V3+2 射门 变向冲刺跑	队内比赛	静态牵拉,讲解	100%

案例展示 2：基本训练周（见表 7-13）

（一）主要任务

传接球技术训练。

（二）训练时间

每周一至周五下午 4：30—6：00。

（三）主要比赛

无。

表 7-13　周训练计划 2

课次	热身＋基础（30 分钟）	主要部分（50 分钟）	结束部分（10 分钟）	负荷
1	球性、球感 动态拉伸 灵敏协调组合训练	原地短传 短距离传跑配合 小场地控球对抗	核心稳定性练习 静态牵拉，讲解	80％
2	球性、球感 动态拉伸 变向、翻滚冲刺跑	多部位停球训练 小场地控球对抗	踝关节稳定性练习 静态牵拉，讲解	85％
3	球性、球感 动态拉伸 步伐组合训练	中、长距离传球 长距离转移进攻 半场控球对抗	快速伸缩复合练习 静态牵拉，讲解	95％
4	球性、球感 动态拉伸 灵敏协调组合训练	短传、长传组合训练 抢圈转移训练 全场对抗	下肢力量 静态牵拉，讲解	85％
5	热身操 传接球 半场 3Ｖ3＋2 射门 变向冲刺跑	队内比赛	静态牵拉，讲解	100％

六、课训练计划

课训练计划是训练计划中最小的计划单位，包含每一次课详细的主题目标、时间分布、实施策略和方法以及练习要求等，一次课时间一般为 60 分钟至 120 分钟，包含热身、主题和结束三个环节。课训练计划如表 7-14 所示。

表 7-14　课训练计划

主题:运球提高训练(90 分钟)		
热身(20 分钟)	组织方法	注意事项
热身环节	1. 所有学生无球在大禁区内自由慢跑,5 分钟,分两组完成,速度逐渐加快 2. 所有学生每人一球在大禁区内自由运球,要求主动找目标运球,变向,3 分钟一组,共三组,间歇 1 分钟,速度逐渐加快 3. 进行原地动态拉伸 3 分钟	练习要求: 1. 慢跑过程中强调快速变向,并逐渐加快跑动速度 2. 主动寻找目标,快速运球靠近,快速变向 3. 各部位拉伸到位
技术(20 分钟)	组织方法	注意事项
主题环节	1. 在 20 米×20 米的场地上摆放 4 个球门,每个球门后站一组学生,持球,相向运球,变向过人后推小门。2 分钟一组,共三组,组间间歇 1 分钟 2. 在相同的场地调整球门位置,改为 4 人相向带球,同时变向过人后推小门。以 2 分钟、3 分钟、3 分钟各进行 1 组,组间间歇 1 分钟	练习要求: 1. 对着目标运球 2. 合理快速变向 3. 注意抬头观察 4. 整体节奏要快

续表

主题:运球提高训练(90分钟)			
	技能(20分钟)	组织方法	注意事项
主题环节		1. 在足球场半场进行1Ｖ1过人射门训练,4分钟一组,共两组,组间间歇1分钟 2. 在足球场半场进行2Ｖ2进攻射门训练,4分钟一组,共两组,组间间歇1分钟	练习要求: 1. 对着目标运球 2. 合理快速变向 3. 注意抬头观察 4. 整体节奏要快 5. 2Ｖ2时合理跑位,拉开接应
	比赛(25分钟)	组织方法	注意事项
		1. 5Ｖ5比赛 2. 灰队边路进攻,运用运球技术射门得分 3. 白队断球快速反击	练习要求: 1. 创造出1Ｖ1场景 2. 创造出2Ｖ2场景 3. 合理快速变向 4. 注意抬头观察,多呼应 5. 整体节奏快速
结束环节	结束总结	组织方法	注意事项
	总结、牵拉	以队长为中心围一圈,做牵拉	牵拉到位,总结问题,整理器材

第三节　训练课的类型及实施

　　代表队组建完成,各类训练计划制定工作基本结束,开始着手组织学生进行课外业余训练。各教练员可根据不同的执教理念,选择科科维奇式的技战术类训练课,也可选择艾瑞克式引导学习类训练课,两种类型各有特点,但最终目的都是培养更加优秀的代表队学生,提高代表队实力水平。在训练课的实施上,本节重点介绍实施的方法和手段。不同目的的训练课,应采用不同的训练方法和手段。根据目的,训练课可分为体能、技能、战能和心智能训练四类,这四类并不完全相互独立,可以在一次训练中交替叠加,全面发展。

一、训练课的类型

1. 技战术类训练课

技战术类训练课主要包含热身部分、主题部分、结束部分三个部分,而主题部分又包含技术、战术和比赛三个环节,通过技战术的同步进行来达到适应比赛战术的目的,以帮助学生形成更好的技术基础和战术素养。案例展示如表 7-15 所示。

表 7-15　主题:整体控球(90 分钟)

	热身(20 分钟)	组织方法	注意事项
热身部分		1. 将学生按 4 人一组分成若干组,在大禁区内无球变向慢跑 4 分钟,分两组完成(第二组速度加快) 2. 4 人一组持球在大禁区内进行无防守小组控球 14 分钟,分三组完成,逐渐加快传控速度 3. 进行原地动态拉伸 2 分钟	练习要求: 1. 慢跑过程中强调快速变向,并逐渐加快跑动速度 2. 多变向跑位,主动要求,呼应;逐渐加快传球接应速度 3. 各部位拉伸到位
	技术(20 分钟)	组织方法	注意事项
主题部分		1. 在 25 米×10 米的场地上进行 2 抢 6 的小组控球训练,4 分钟一组,共 4 组,组间间歇 1 分钟 2. 控球学生可随时与中间球员换位,防守学生断球后立马换位参与控球 3. 达到一定控球脚数得分	练习要求: 1. 主动跑开位置接应 2. 有接有传 3. 抢球积极、有侵略性 4. 防守学生断球后马上转换身份参与控球

续表

	战术(20分钟)	组织方法	注意事项
主题部分		1. 在足球场半场进行8 V 8+8 的整体控球练习，每6分钟更换队伍充当边线上的自由人，共更换两次，结束前2分钟休息补水 2. 达到一定控球脚数得分	练习要求： 1. 主动跑开位置接应 2. 有接有传 3. 抢球积极、有侵略性 4. 防守方断球后马上转换身份组织控球 5. 自由人也应积极跑位，要求接应
	比赛(25分钟)	组织方法	注意事项
主题部分		1. 8 V 8 比赛 2. 射门得分，达到一定控球脚数也得分	练习要求： 1. 主动跑开位置接应 2. 有接有传 3. 拼抢积极、有侵略性 4. 判断场上形势，采用合理方式得分
	结束总结	组织方法	注意事项
结束部分	总结、牵拉	以队长为中心围一圈，做牵拉	牵拉到位，总结问题，整理器材

2. 引导学习类训练课

作为与技战术类不同的训练课，引导学习类训练课同样包含热身部分、主题部分、结束部分三个部分内容，而其主题部分的内容则分为引导、学习和比赛三个环节，通过训练去引导学生发现问题、思考问题，激发学生积极探讨的热情，达到让学生更加深刻地理解训练意图的目的，从而收获理想的训练效果。

案例展示如表7-16所示。

表 7-16　主题:小组攻防(90 分钟)

	热身(20 分钟)	组织方法	注意事项
热身部分		1. 将学生分成若干组,一人无球向前进攻变向跑,一人防守步后撤。8 分钟,分两组完成 2. 一人持球进攻左右变向,一人防守步后撤。10 分钟,分两组完成 3. 进行原地动态拉伸 2 分钟	练习要求: 1. 跑动过程中强调快速变向,并逐渐加快跑动速度 2. 防守步快速,并且始终面向进攻学生 3. 各部位拉伸到位
	引导(20 分钟)	组织方法	注意事项
主题部分		1. 在 20 米×10 米的场地上进行 1 Ｖ 1 训练,对角交替攻防,持球者即为进攻方。3 分钟一组,两组,组间间歇 1 分钟 2. 在 20 米×20 米的场地进行 2 Ｖ 2 训练,持球方即为进攻方。3 分钟一组,两组,组间间歇 1 分钟 3. 在 30 米×20 米的场地进行 3 Ｖ 3 训练,持球方即为进攻方,持续 5 分钟,休息 1 分钟	练习要求: 1. 快速攻防,变为阵地战即结束换下一个 2. 拼抢积极、有侵略性 3. 注意充分利用队友和空间 4. 攻防转换节奏要快 5. 强调小组防守的补位 6. 强调小组进攻的层次和宽度

续表

	学习(20分钟)	组织方法	注意事项
主题部分		在30米×40米的场地进行3V3+1练习,每6分钟更换队伍,共更换两次,结束前2分钟休息补水	练习要求: 1. 快速攻防 2. 拼抢积极、有侵略性 3. 注意充分利用人数优势和空间 4. 攻防转换节奏要快 5. 强调小组防守的补位 6. 强调小组进攻的层次和宽度 7. 多射门
	比赛(25分钟)	组织方法	注意事项
		1. 8V8比赛 2. 进攻3-1-3,防守3-3-1	练习要求: 1. 快速攻防 2. 拼抢积极、有侵略性 3. 注意充分利用人数优势和空间 4. 攻防转换节奏要快 5. 强调后防线的补位和保护 6. 强调进攻线的层次和宽度 7. 多射门
结束部分	结束(5分钟)	组织方法	注意事项
	总结讲解	以队长为中心围一圈,做牵拉	牵拉到位,总结问题,整理器材

二、训练课的实施方法和手段

根据不同训练目的,我们应采用不同的方法和手段去组织训练。正确认识和掌握不同的训练实施方法和手段,有助于顺利地完成运动训练过程中不同时期的训练任务,有效控制各种竞技能力的发展进程,科学提高运动员的整体竞技能力。

常用的训练实施方法可分为系统控制性训练方法和具体操作性训练方法。系统控制性训练方法包括模式训练法、程序训练法和微机辅助训练法;具体操作性训练方法包括分解训练法、完整训练法、重复训练法、间歇训练法、持续训练法、变换训练法、循环训练法和比赛训练法。在日常训练中,多种训练方法可穿插使用,以便达到理想的训练效果。

体能训练实施方法和手段如表 7-17 所示。

表 7-17 体能训练实施方法和手段

主题	方法	手段
速度	信号刺激法、助力练习法、重复训练法、间歇训练法、游戏法等	反应速度:信号反应练习(颜色反应、声音反应、动作反应等) 动作速度:助力练习、控制阻力练习等 位移速度:快速高抬腿、快速小步跑、短距离折返跑等
耐力	持续训练法、间歇训练法、游戏法等	定时跑、追逐跑、变速跑、折返跑等
力量	持续训练法、间歇训练法、循环训练法、重复训练法、游戏法等	深蹲跳、俯卧撑、平板支撑、引体向上、快速伸缩性练习、负重跑等
灵敏	程序训练法、随机性训练法、游戏法等	各种组合性敏捷梯动作练习,各种绕障碍跑练习等
协调	重复训练法、程序训练法、条件刺激训练法、游戏法等	各种动作组合性练习,敏捷梯动作练习,前滚翻,侧滚翻、各种跑、跳、爬绕障碍练习等
柔韧	静力拉伸法、动力拉伸法、被动性拉伸法	踢腿、摆腿、肢体绕环、甩腰、扩胸、双杠直角支撑、体前屈、左右分腿、前后分腿、劈叉等各种拉伸性动作

技能训练实施方法和手段如表 7-18 所示。

表 7-18　技能训练实施方法和手段

主题	方　　法	手　　段
传	重复训练法、循环训练法、持续训练法、组合训练法、游戏法等	正脚背、脚内侧、脚背内侧、脚背外侧等多部位进行地滚球、半高球或高球的短传、中长传、长传训练
接	重复训练法、循环训练法、持续训练法、组合训练法、游戏法等	正脚背、脚内侧、脚背内侧、脚背外侧、大腿、胸部、头部等多部位接地滚球、半高球、高球的训练
运	重复训练法、循环训练法、持续训练法、组合训练法、游戏法等	正脚背、脚内侧、脚背内侧、脚背外侧运球跑训练
控	重复训练法、循环训练法、持续训练法、组合训练法、游戏法等	正脚背、脚内侧、脚背内侧、脚背外侧、大腿、胸部、头部等多部位控球能力训练
射	重复训练法、循环训练法、持续训练法、组合训练法、游戏法等	正脚背、脚内侧、脚背内侧、脚背外侧、胸部、头部等多部位的自控球或接来球射门训练

战能训练实施方法和手段如表 7-19 所示。

表 7-19　战能训练实施方法和手段

主题	方　　法	手　　段
进攻	分解训练法、完整训练法、比赛训练法、模式训练法、虚拟现实训练法等	个人、小组、整体的进攻套路演练，进攻角球、进攻任意球演练，借助科技设备模拟演练，热身赛演练
防守	分解训练法、完整训练法、比赛训练法、模式训练法、虚拟现实训练法等	个人、小组、整体的防守套路演练，防守角球、防守任意球演练，借助科技设备模拟演练，热身赛演练

心智能训练实施方法和手段如表 7-20 所示。

表 7-20　心智能训练实施方法和手段

主题	方　　法	手　　段
心理	目标设置训练法、放松训练法、表象训练法、暗示训练法、模拟训练法、注意训练法等	设置短期、中期、长期目标，比赛目标；组织团建活动、观看电影、听音乐等；运用鼓励、激励话语，寻找相似水平对手组织热身比赛等
智能	引导训练法、模仿训练法、重复训练法等	组织观看教学视频、开展专项知识讲座等，通过言传身教来发展学生的智能

第八章　校园足球活动开展

第一节　足球运动竞赛的组织工作

一、足球竞赛

在我国,足球运动可宣传国家体育运动的方针与任务,激起广大人民群众锻炼身体的热情,更有利于推动体育运动的开展。足球是人民增强体质、丰富生活、振奋民族精神的重要体育项目。

足球运动在我国受到广大人民群众的喜爱,每年都会有成千上万的青少年运动员参加各类足球比赛。在比赛中可以检验训练的效果,吸取先进的足球理念,交流经验,总结不足,稳步提高足球技术水平。

当足球走入校园,足球比赛可以培养学生的竞争意识,塑造积极向上的阳光形象和勇敢的个性,并且是学校进行挫折教育的良好平台。

二、足球竞赛的分类

足球竞赛根据性质可以分为两类:一类为职业足球竞赛,如西班牙甲级联赛、足协杯;另一类为业余足球联赛,如全国或各个省市举办的大型运动会上的足球竞赛、青少年与儿童足球竞赛等。

足球竞赛根据不同的任务与目的也可分为很多类型。目前,我国足球竞赛分为以下几种:全国足球联赛、友谊赛、选拔赛、锦标赛、邀请赛、冠军赛等。

足球竞赛的种类可以根据参与者的年龄、性别、职业来系统地区分,如各个年龄段的青少年足球赛、大学生足球赛、小学生足球赛,公司足球赛等。

足球竞赛的种类也可以根据规则、人数的不同分为十一人制、九人制、七人制、五人制、四人制、三人制足球赛。

第二节　足球竞赛的制度与编排

竞赛制度是指参赛的队伍在竞赛中确定名次的方法、体系的总称。足球竞赛中常见的竞赛制度有淘汰制、循环制和混合制三种。

选择某种竞赛制度需要考虑比赛的目的、要求、任务，竞赛时间的长短，比赛场地、财力、人力，参赛队伍的数量和水平高低等因素。下面主要介绍淘汰制。

1. 淘汰制的概念

淘汰制分为三种：单淘汰制、双淘汰制和主客场淘汰制。在比赛中失败一次即失去比赛资格的竞赛制度称为单淘汰制，失败两次即失去比赛资格的竞赛制度称为双淘汰制，按照主客场两次比赛成绩总和计失败即失去比赛资格的竞赛制度称为主客场淘汰制。

2. 淘汰制的特点

单淘汰制的比赛对参赛队伍努力争胜起到积极的促进作用。这种竞赛制度适用于参赛队伍多、场地少、时间短的情况。其缺点是参赛队伍场次少，实践的机会少，不利于相互学习，淘汰的偶然性也较大，名次的评定无法做到完全公平合理。双淘汰制给初次失败的队伍增加了一次机会，这样产生的名次相对合理。在实践中很少采用单淘汰制。

3. 淘汰制的编排方法

（1）总场数和轮数的计算方法。

单淘汰制比赛总场数＝参赛队数量－1

比赛轮数：若参赛队的数量等于 2 的乘方数，则比赛的轮数等于 2 的指数，若参加竞赛的队伍不是 2 的乘方数，则比赛轮数为略大于参赛队伍数的 2 的指数。

若参赛队为 5 支，总场数为 5－1＝4，8 是 2 的 3 次方，略大于 5，所以比赛为 3 轮，如图 8-1 所示。

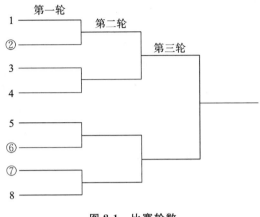

图 8-1 比赛轮数

第三节 学生裁判的培养

一、推行中小学学生裁判的意义

1. 教育教学发展的需要

新课程的宗旨和理念,就是以学生为核心,要积极开发学生的主动性,使其对学习产生积极的情感。学生在学校中,大部分时间用于开展学习活动,取得了良好的学习效果,使教师实现了预定的教学目标,达到理想的教学目的。

但是仅对学生进行知识的传授是不足的,还需要其他方面的教育内容,如体育锻炼、意志品质的培养等,使学生从小就养成正确的价值观和公平竞争意识。培养学生足球裁判,不仅可以让热爱足球的学生们了解更多的足球知识,还可以培养学生的管理和组织能力,增强学生公平竞争意识,提高学生综合素质。同时,学生理解与掌握足球裁判规则,对其合理利用技战术也有很大的帮助。

2. 师资力量的需要

随着学校规模的不断扩大,招生规模也不断扩大,在越来越多的学生加入后,体育教师任务加重。仅依靠在校体育教师的力量,已经不能满足体育竞赛裁判的需求。

例如:学校开展的各年级足球赛事、班级之间的足球比赛活动、足球社团的活动等,都需要足球裁判,而学校体育教师与学生的比例约为 1∶300。从在校学生中培养出一批合格的足球裁判,让他们在兴趣活动中得到更多的知识,不仅能加强他们对足球知识的理解、对足球裁判知识的理解，而且能缓解体育教师在这方面的压力。

3. 社会需要

目前，我国不断开展校园足球和业余足球赛事活动，足球又有着广泛的群众基础，裁判员的缺乏会限制活动的开展以及影响活动的精彩程度。学生足球裁判对公司、社区的足球活动，以及农村地区的足球活动发展能起到很大的推动作用。

二、培养中小学生足球裁判员的方法

1. 选材

通过多种方式、多种手段培养学生对足球裁判的兴趣。可以让各年级学生自我推荐，并从中选择有一定足球基础、有强烈的足球兴趣，愿为足球奉献的学生，作为培训的主要对象，开办足球裁判员培训班。而在足球专项班中则将足球裁判知识作为学习内容之一，通过理论学习及课堂实践教授，再结合学生意愿，挑选一部分学生担任校内比赛的裁判工作。对于足球专修学生，应当让学生明确认识到学习裁判知识与掌握裁判技能是专业人才培养目标的需要，让学生认识到裁判知识有助于自己更好地去学习与理解足球技战术，为今后工作打下坚实基础。

2. 理论、实践学习

《足球竞赛规则》是足球竞赛的法则，是裁判员各场执法的依据。《足球裁判员手册》是裁判员执行规则的工作方法手册。一般发放资料让学生自学，并利用课余时间（通常是课外体育活动时间）开办学习班，课程内容如下。

1）理论部分

专题一：犯规程度。

（1）犯规程度的定义。

（2）涉及犯规程度的黄牌警告及红牌罚令出场。

（3）犯规的性质。

（4）判例分析。

专题二：故意手球。

（1）规则中的有关条款（犯规及纪律处罚）。

（2）判罚时的考虑因素。

（3）判例分析。

专题三：战术犯规。

（1）何谓"战术犯规"。

（2）破坏有希望进攻机会时的考虑因素。

(3) 破坏明显得分机会时的考虑因素。
(4) 判例分析。

专题四:团队合作(特殊情况)。
(1) 团队合作的意义。
(2) 团队合作的原则。
(3) 特殊情况下的团队合作方法。
(4) 判例分析。

专题五:跑动与选位。
(1) 跑动与选位的意义。
(2) 跑动与选位应考虑的因素。
(3) 跑动与选位的要求。
(4) 跑动与选位的方法。

专题六:有利条款的掌握。
(1) 有利条款的涵义。
(2) 掌握有利条款的意义。
(3) 运用有利条款时的考虑因素。
(4) 运用有利条款的方法。
(5) 判例分析。

专题七:越位。
(1) 规则要素。
(2) 判罚时的考虑因素。
(3) 判例分析。
(4) 提高判罚准确性。

2) 实践部分

专题一:裁判员手势练习。
(1) 主裁判员各类判罚手势。
(2) 助理裁判员旗势。

专题二:裁判员跑动与选位的单元训练。
(1) 选择观察角度的单元训练。
(2) 罚球区内控制的单元训练。
(3) 不同情形下移动的单元训练。
(4) 全场对角线跑动的单元训练。

专题三:助理裁判员跑动与选位的单元训练。
(1) 不同信号下反应移动的单元训练。
(2) 跟随"平行线"的反复移动单元训练。

(3)移动与注意力的单元训练。

(4)反击情况下冲刺的单元训练。

专题四:团队合作(特殊情况)的单元训练。

(1)快速反击下的团队合作。

(2)球点球的管理。

(3)任意球的组织管理。

(4)群体事件。

专题五:识别战术犯规的单元训练。

(1)破坏有希望进攻机会的单元训练。

(2)破坏明显得分机会的单元训练。

专题六:识别越位犯规的单元训练。

(1)不同区域重叠越位犯规的单元训练。

(2)采用"等和看"技巧的单元训练。

专题七:体能训练。

(1)反复冲刺跑能力 6×40 米。

(2)400 米变速跑,快跑 30 米后变慢跑,如此反复。

(3)小步跑、高抬腿跑、后蹬跑、交叉步结合加速跑。

3.比赛提高阶段

学校每学期举行各年级足球比赛,要敢让这部分学生挑大梁(教师可担任技术指导),给学生上场执法的机会,让他们在实践中不断地提高,不断地总结经验,把他们培养成足球裁判骨干。

(1)组织学生观摩高水平比赛,使学生有较多机会与高水平的裁判交流。

(2)临场裁判采用"老师带学生""有经验的带新手"等模式进行教学裁判培训。临场裁判有许多技巧和经验,要把这些经验介绍给学生,学生在场上就会有预见性,减少"错判""漏判"。

(3)自信心是非常重要的。球员不满裁判的判罚是经常出现的情况。裁判不能因球员的不满及指责,就打破了自己的内心防线,不知如何判罚。老师要给学生参加比赛的机会,不能因为学生出现差错而不给其机会。只有多实践、多看、多总结,才能提高学生裁判员的水平及自信心。

(4)在比赛时教师要到场,这对学生裁判员的信心提升有很大的帮助。教师在比赛中尽量让学生独自判罚,有错误应在比赛结束后单独向学生指出,不能在场地上大声指出,这不但有损学生信心,而且会导致裁判员丧失威信。

4.考核

评分标准如表 8-1 所示。

表 8-1 评分标准

足球裁判员临场考核评定内容		分值/分
1. 外表	服装、整体形象、礼仪、充足的准备	10
2. 体能	体力、轻松的跑动、整场比赛一致的速度	10
3. 裁判法	控制整个场地(无球区、插入、移动转换、连续移动)、处理罚球、技术犯规、抛球、宣判犯规时保持不动	10
4. 手势	清楚、准确、与眼同高、站稳宣判、易见、保持联系	10
5. 犯规	有利/无利、撞人与阻挡、越位、背后行为、手球、策应、战术犯规、运用普通常识	20
6. 合作	像一个整体、保持目光联系、帮助同伴(点球大战、替补换人、替补席控制等)、犯规时的合作	10
7. 比赛控制	预见性、遇困难时重新控制比赛、表现出勇气并保持整场一致的尺度	15
8. 整体表现	勇气、比赛知识、对整场比赛有一致的感觉、对困难情况所作出的处理	10
9. 纪律	态度、工作精神	5
总分		100

三、裁判员培养任务与原则

1. 培养任务

(1) 培养学生们的兴趣是首要任务。兴趣可以激发学生用更多的时间和精力去学好这些知识。

(2) 职业素养的培养是关键。职业素养是所有职业必须要有的,它要求我们不仅要有良好的职业操守,还得在人格修养上有更多的作为,比如体育裁判在比赛执法中的公平。所以体育教师在日常教育中应加强育德教育,言传身教。

(3) 理论学习。打下扎实的理论根基,确保执裁有理有据。

(4) 理论与实践结合。无论理论知识如何丰富,作为一名裁判员最终要通过实践来体现自己的水平。

(5) 心理素质的训练。心理素质的培养可以说是裁判教育中心理层面非常重要的一环,也是理论知识真正应用到实际中最大的保障。良好的心理素质可以让裁判在紧张激烈的比赛中,能更加从容地处理比赛中出现的问题,不会因为一点小小的失误而影响到自己的情绪,以免让自己产生恐惧的心理,导致出现更多的错误。

2. 培养原则

（1）制定目标。培养计划实施前,最重要的工作就是对整个培养计划制定目标,这是长期培养工作的一个基础保障性步骤。

（2）抓重点。学生们喜欢足球,更多的可能是喜欢去玩,对其中的比赛规则未必了解。在我们的日常教学中,这些基本的知识讲授是必不可少的,这也是激发学生兴趣的一部分内容。而我们要做的是体育裁判的培训,所以比赛中各种犯规的判罚和尺度的规定,都是必须让学生们知道的。比如对于足球比赛中的"冲撞""违例""阻挡"等,都要清楚它们的内在含义。这要求我们不仅要记住判罚的模式,更要领悟足球运动中的运动精神。

第四节 校园足球文化活动的开展

一、开展校园足球文化活动的意义

校园足球文化活动的主要功能是育人,对促进校园文化发展有着极大影响,因此要将开展校园足球文化活动作为校园足球建设和发展的重要途径。文化是民族的血脉,是人民的精神家园。学生阶段是一个人世界观、人生观、价值观形成的关键时期,而学生的健康成长与其学习阶段的校园文化有着直接关系。作为中国足球的基础,校园足球担负着为中国足球输送人才的重任,而校园足球文化活动的开展能很好地促进校园足球活动的开展。近年来,国家大力推广校园足球发展,各级各地有关部门也非常重视,这为校园文化建设指明了方向。

二、校园足球文化节活动方案

校园足球文化节的具体目标内容、时间、运作方式必须根据举办学校的性质、足球项目发展、学生的特点、校园环境、场地器材等实际情况而定,所以不可能存在统一的、固定不变的活动方案。校园足球文化节通常可按照开幕式、节日主体活动、闭幕式三大部分进行。每个部分的具体内容和安排方式则完全取决于组织者,具有明显的选择性和可变性。组织者可充分发挥特色足球的特点优势,把特色足球文化节办得多姿多彩、生动活泼。下面以某中学的校园足球文化节策划案为例,给各位教师以启发。

某中学校园足球文化节策划案

(一)活动主题

魅力足球,健康快乐。

(二)活动目的

为响应国家体育总局、教育部联合发起的青少年校园足球活动,通过足球活动,让学生体验足球运动的快乐,在比赛中锻炼身体,培养团队意识和拼搏精神,提高竞争意识和公平意识;为学生提供展示并发展才能的空间;形成以足球联赛为中心,辐射阅读、写作、艺术创作、综合实践、思想道德建设等方面的更加丰富的、立体的、动静结合的校园文化氛围。

(三)活动时间及安排

2020年4月—2020年5月。

(四)活动内容

(1)启动仪式。
(2)班级足球黑板报文化建设。
(3)"我是颠球王"挑战赛。
(4)班级足球联赛。
(5)校园足球绘画比赛。
(6)校园足球摄影大赛。
(7)校园足球班级队歌、队徽设计大赛。
(8)"我与足球的故事"主题征文活动。
(9)足球知识竞赛(以抢答方式进行,提高比赛的观赏性)。
(10)闭幕式:宣布各活动名次,进行表彰奖励。

(五)奖励办法

(1)各年级联赛冠军、亚军、季军分别颁发奖杯一座。第四名至第八名颁发奖状。
(2)"我是颠球王"挑战赛前八名学生颁发荣誉证书,并赠送小礼品。
(3)校园足球绘画、摄影、队歌队徽设计以及征文比赛和知识竞赛,分别评选前八名,颁发证书。
(4)集体项目设置一、二、三等奖。一等奖一名,二等奖两名,三等奖三名。

（六）其他注意事项说明

（1）在组织的过程中，负责人要注意时间的分配，尽量避免由于时间过短和问题过偏而导致活动效果不佳的情况。

（2）会场气氛要活跃，但应保持纪律；负责人要调动班内气氛，同时注意维持会场的秩序。

（七）"我是颠球王"挑战赛活动方案

（1）颠球挑战赛的流程：①学生报名；②统计人数，进行分组（男子组和女子组），制作号码牌；③设置比赛时间和比赛区域；④正式比赛；⑤比赛结束，统计分数，进行排名（颠球个数相当可并列）；⑥公布获奖名单和成绩，并发放奖品。

（2）颠球挑战赛规则：颠球，是指用身体的某个或某些部位（除了手以外）连续不断地将处于空中的球轻轻击起的动作。

①可以规定必须在某一区域内颠球，裁判鸣哨开始比赛，并以裁判计数为准。

②颠球时，除手以外的身体任何部位均可触球，颠球过程中不得触及其他任何障碍物，可以玩花式的，但仍然以一个计数。

③若足球落地，则重新开始计数。

④记录人记录参赛者的比赛成绩，然后根据个人参赛成绩排出名次。

（3）颠球项目设置：2分钟颠球、12部位颠球、颠球比多（不限时间，一旦球落地则颠球结束）。

12部位颠球要求3分钟内完成12个部位的颠球，包括脚内侧两个、脚外侧两个、脚背正面两个、大腿两个、肩部两个、头一个、胸部一个。每完成12个部位颠球一次计一分，完成12个部位过程中可以调整，但不允许落地、用手及胳膊碰触，最终以完成12个部位颠球的整套次数计成绩。

（4）颠球挑战赛时间：2020年4月10日—2020年4月12日。

（5）挑战赛地点：足球场中圈。

（6）比赛结束，发放奖励。

（八）"我与足球的故事"主题征文活动方案

（1）主题征文活动指导思想：以增强学生体质，培养学生拼搏进取、团结协作的体育精神为宗旨，通过开展征文活动，在学生中普及足球知识和技能，形成良好的校园文化，增强学生对足球的兴趣。

（2）征文对象：全体学生。

（3）征文主题：我与足球的故事。

（4）活动内容：作品以"我与足球的故事"为主题，以足球训练、足球学习、足球比赛、足球明星为创作对象与内容,充分展现学生在足球活动中生动活泼、积极向上的形象。

(5)征文活动要求如下。

①内容要求:主题鲜明、内容健康、构思新颖、条理清晰、语言流畅等。

②文体要求:作品题目自拟,除小说、诗歌外,文体不限。

③字数要求:600字以上。

④报送时间:请参加活动的学生在2020年5月20日之前将文章以班为单位交到体育教研室。

(6)奖项设置:分别评出特别奖、一等奖、二等奖、三等奖,颁发对应小礼品,部分优秀文学作品将在学校广播中朗诵。

三、校园足球主题班会活动

以教师为主导,以学生为主体开展足球主题班会活动,让学生互相交流,挖掘足球运动中存在的文化现象。同时,也可通过班会展示优秀足球绘画作品、足球摄影作品、足球故事作品,提高学生对足球文化的感知力。

(一)确定足球主题班会活动的主题

例如:"足球梦,球星梦,中国梦""小小足球,大大梦想"等。通过足球文化活动激发学生的集体主义精神和爱国主义情感。

(二)主题班会的目标

以球育德,通过足球文化展示促进学生良好品质的形成,使学生养成遵守行为规范、积极向上、团结合作、相互帮助的良好品质。

(三)足球主题班会活动开展流程

(1)教师通过引导词引入班会主题。

(2)教师科普足球相关知识(足球场地介绍、足球规则讲解、足球阵形演变等)。

(3)学生展示足球文化:学生朗诵自我创作的足球诗歌,讲足球故事,以故事激励人心;绘足球梦,通过画笔展示足球魅力;拍摄足球影像,通过相机记录足球精彩瞬间,感受足球运动之美;话足球史,了解足球文化,述说足球知识。

(4)学生讨论,讲述自己在足球运动中的精神感受,探究足球中的精神文化。

(5)班会总结。教师根据学生的发言,对学生的感受或讲话进行升华。

足球主题班会案例如表8-2所示。

表 8-2　足球主题班会案例

时间	主题	主要内容和形式	基本途径和方法	主要评价方式
第一学期	足球基本知识	足球材料及标准、球场的分区、足球基本规则和足球专业术语。主要以班会课的形式呈现	1. 实践活动课程实施过程中教师做好准备，先收集资料 2. 在班会过程中要确立教师的主导地位，发挥学生的主体性，尊重学生的兴趣，鼓励学生自我表现	知识竞赛
第二学期	足球伴我成长	在与足球相关的活动中提炼爱国诚信、文明礼貌、自主公正、团结协作、拼搏创新的精神	1. 教师要主动引导学生挖掘提炼足球运动中存在的精神 2. 班会课上开展交流活动，感受过程性体验	知识竞赛

第九章 学生体质健康促进

青少年是祖国的花朵,促进青少年健康成长是关系国家和民族的大事。国家更是将青少年的健康上升到战略的高度,提出"健康中国"的概念。我们要坚持预防为主、防治结合的原则,全面贯彻新时期卫生与健康工作方针,引导学生树立正确的健康观,提高中小学生健康水平。

《学生体质健康标准》是《国家体育锻炼标准》的一个组成部分,根据评定标准与学生自身成绩的对比,学生可以清楚地了解自身体质与健康状况,还可以帮助教师或自己有的放矢地设定锻炼目标,有针对性地选择锻炼策略,制订切实可行的锻炼计划。本章介绍了体育教师利用足球体育课促进学生体质健康的方法。

第一节 中小学生常见疾病及其预防

一、视力不良

视力不良是重点防治的六种常见病之一,在影响学生健康的 20 种疾病中占首位。视力不良直接影响学生的学习生活和今后的工作。据有关体检结果,视力不良占比呈缓慢上升趋势,学生中发生的视力不良问题大部分是近视,因此保护学生视力主要在于预防近视。

预防学生视力不良,教师应该:
(1)积极开展宣传教育,努力改善办学条件,创造良好学习环境;
(2)要求学生提高眼保健操完成质量,并且有节制地看电视、用电脑;
(3)督促学生严格遵守作息时间,并且经常锻炼身体,增强体质,注意营养、不挑食,改善照明条件,端正坐姿。

二、营养不良与肥胖

营养不良不仅影响儿童和青少年的生长发育和身体健康,而且对其成年后的健康和体质也有影响,防治的主要手段是加强宣传教育。

预防学生营养不良与肥胖,教师应该:

(1) 对学生进行营养知识教育,使学生了解合理补充营养的重要性;

(2) 培养学生良好的饮食习惯,纠正学生偏食、挑食、吃零食的不良习惯,尤其是纠正部分学生不吃早餐的习惯;

(3) 教育学生加强体育锻炼,上好体育课,积极参加课外活动,增强体质。

三、沙眼

沙眼是常见的慢性传染病,人体对其免疫力弱,可以重复感染,常因并发症使得视力受到障碍,因此要加强预防沙眼的宣传教育。

预防学生沙眼,教师应该:

(1) 开设健康教育课,让学生了解沙眼形成的原因,使学生从小养成科学的卫生习惯;

(2) 改变学生的不良卫生习惯,使学生养成饭前便后洗手的习惯,被褥、毛巾、手帕、枕巾等物品常常洗晒,保持干燥,不能共用洗脸、洗澡的毛巾、脸盆;

(3) 督促学生积极锻炼身体,注意饮食营养,以增强体质,提高抗病能力。

四、感冒和流行性感冒

预防学生感冒和流行性感冒,教师应该:

(1) 督促学生经常开窗透光,保持室内空气新鲜,根据季节变化增减衣服,注意防寒保暖;

(2) 督促学生均衡饮食,充分休息,加强体育锻炼,增强体质,提高抗病能力;

(3) 教导学生注意个人健康卫生习惯,打喷嚏、咳嗽和擤鼻子后要洗手。

第二节 促进学生体质健康的方法

一、学生体质健康测试基本内容

学生体质健康测试基本内容如表 9-1 所示。

表 9-1　学生体质健康测试基本内容

组　　别	评价指标（测试项目）	分值/分
所有年级	BMI（身体质量指数）	15
	肺活量	15
小学一、二年级	50 米跑	20
	坐位体前屈	30
	1 分钟跳绳	20
小学三、四年级	50 米跑	20
	坐位体前屈	20
	1 分钟跳绳	20
	1 分钟仰卧起坐	10
小学五、六年级	50 米跑	20
	坐位体前屈	10
	1 分钟跳绳	10
	1 分钟仰卧起坐	20
	50 米×8 往返跑	10
初中、高中、大学各年级	50 米跑	20
	坐位体前屈	10
	立定跳远	10
	男生引体向上、女生 1 分钟仰卧起坐	10
	男生 1000 米跑、女生 800 米跑	20

为了响应国家颁布的政策，促进学生体质健康，不少学校尝试在体育课里增加许多单一项目的练习，但缺乏一定的趣味性。因此，我们不妨从另一角度看，如果开展以足球为主题的体育课，并尝试将班级联赛引入其中，就可以让学生在玩中练、练中提高。不论在体育课中或赛场上，足球这项兼具强度与技能的运动，无时无刻不在上演着激烈交锋、攻守转换以及高速奔跑，学生需要在赛场上往返不断跑动，才能获得足球的控制权，在体能方面消耗很大，特别是在比赛比较焦灼的情况下，状况更是如此。如果学生在体能方面不能达标，就无法在高耗能的运动中坚持下去。

以促进学生耐力跑为例，耐力与足球运动是一种互相促进的关系，在足球体育课中，学生可以在运球、踢球游戏或者是比赛中有效促进耐力的发展，以达到国家要求的体质标准。因此，足球课对发展学生体质健康有着积极的影响。

二、促进学生体质健康专项练习方法

考虑到不同年龄阶段的学生处于不同的发育期,以及性别上的差异,学生的身心特点有所不同,所能承受的练习量和强度也不是一成不变的,所以教师在制订锻炼计划的同时要考虑到自己所带学生所处年龄段的各方面特点,控制练习时的量和强度。

(一) 幼儿期和启蒙期

在幼儿期和启蒙期,学生的身体处于快速稳定的发展阶段,该时期身体可塑性最强,有利于促进基本运动能力的发展、学习足球专项技术、发展力量和速度等身体素质,为下一个发展高峰期打好基础。练习方法如下。

1. "猎人打老虎"

练习目的:促进学生灵敏素质和奔跑能力等的发展。

练习内容:在场地上画一个20米×20米的正方形游戏区,选出2~3名学生为"猎人",其他学生为"老虎"。准备,"猎人"持球,"老虎"分散于场地内;开始,"猎人"在场内运球,伺机用球踢中"老虎",被击中的"老虎"退出游戏,并罚做俯卧撑10个。

练习要求:

(1) 全体游戏者均不得跑出游戏区;

(2) 追击时,只准用球击"老虎"的腿部。

2. 信号游戏

练习目的:促进学生灵敏素质和反应速度等的发展。

练习内容:学生在一个指定色区域内,自由带球。当教师说出不同的数字(或吹出不同的哨声)之后,学生需要快速做出不同的反应。不同的数字代表学生需要做不同的动作。例如教师说"1"代表学生需要踩住球,说"2"代表学生需要将球快速抱起来。

练习要求:

(1) 学生在区域内带球时,教师注意提醒学生抬头观察,不要撞到他人,以免受伤。

(2) 教师可以使用奖励手段以提高学生练习的积极性。

3. 抢球游戏

练习目的:促进学生反应速度和奔跑能力等的发展。

练习内容:所有的学生分为两排,相距30米,面对面站立,在中间15米处安排相应数目的球。当教师发出信号后,学生开始跑向中间抢球并以最快速度将球带回起点。抢球多的一方为胜者。

练习要求:

(1) 高速运球时要保证球处在身体的控制范围之内,不能出现把球踢得很远再去追的情况。

(2) 学生抢球时注意安全,不能出现鲁莽的行为。

(二) 青春期

在青春期,学生的身体处于高速发展的阶段,有利于发展灵敏、力量、速度和耐力等身体素质,而此期间灵活性发展开始减缓,肌肉开始增多。需要注意的是,男孩的成长最快期一般比女孩晚两年,在十二岁左右开始。练习方法如下。

1. 小组传球练习

练习目的:促进学生灵敏素质和反应速度等的发展。

练习内容:5~8 名学生一组,围成一圈,1~2 名学生作为防守队员在圈中防守,周围的队友相互传球,圈内的队员阻截抢断。如果传球被抢断或者传球出界,被抢断的队员或踢球出界的队员将替换圈内的队员。这是圆圈抢球的基本练习形式。

练习要求:

(1) 可以用限定传球次数或传球脚的方法进行变化练习。

(2) 传球的力量合适且传球准确性高。

2. "仰式足球"

练习目的:促进学生力量素质,尤其腰腹及其四肢肌肉力量的发展。

练习内容:运动员分为两队,在一标记出的较小区域的两端分别用标志物摆出球门;所有队员必须腹部朝上、以四肢支撑向前移动,并同正常比赛时一样用脚触球;如果在比赛中无意间用手或胳膊触到足球,则比赛照常进行。

3. 压缩场地 5 V 5 比赛

练习目的:促进学生灵敏素质和耐力素质等的发展。

练习内容:将罚球区边线延长至中,在此区域内进行 5 V 5 比赛,每个球门设有一名守门员。界外球用手发,规定时间内进球多的小组获胜。

练习要求:

(1) 个人大胆突破射门;

(2) 注意接球、过人、射门的衔接。

第三节　足球运动损伤的康复

本节是足球常见损伤介绍的延续,重在实践操作,讲述运动损伤后康复的原则和内容。运动损伤的康复主要是指在合理评估的基础上,设立不同阶段的康复目标,借助物理因子治疗、运动疗法、手法治疗等手段来解决运动损伤带来的疼痛和功能障碍问题,最终达到使运动者恢复运动表现、重返赛场的目的。

一、足球运动损伤康复治疗的原则

康复训练过程中,要注意遵循兼顾局部与全身、循序渐进的原则。在进行运动损伤康复治疗的过程中,要对康复过程进行监控,避免过早进行大强度的训练。在损伤早期,应控制疼痛、肿胀和出血,适当进行局部锻炼。在损伤局部症状、体征好转后,应逐步增大运动负荷和运动范围。在损伤后期,应有针对性地进行运动损伤部位的康复训练。在这个过程中,康复训练的负荷、频率、持续时间应逐步增大,切忌骤然增大,且不可进行粗暴的被动运动。

二、足球运动损伤康复训练的主要内容

(1)力量训练。发展肌肉力量和改善肌肉不平衡问题,力量训练应当与柔韧性训练相结合。

(2)柔韧性训练。改善关节活动度,可采用静态拉伸、本体感觉神经肌肉促进术和动态拉伸等方法。如果出现肌腱、肌肉撕裂等情况,损伤部位的拉伸要谨慎进行。

(3)本体感觉和协调性训练。运动损伤本身及损伤后的制动会导致本体感受器受损或者功能下降,进而促使运动者反应迟缓、平衡能力下降、动作控制能力减弱、运动协调能力下降,导致运动表现降低。在足球项目中的具体表现为:球性球感变差、专项动作技术变形,控制能力下降、技术动作不协调等。

(4)有氧耐力训练。

(5)足球专项技术训练,比如简单的传球、接球、运球、跑动等。

三、常见损伤的康复训练

1. 肌肉拉伤

常见部位:大腿后侧、大腿内侧、上臂等。

原因：(1) 由于肌肉做主动的猛烈收缩，其力量超过了肌肉本身所能承受的力量。

(2) 肌肉用力牵伸时超过了肌肉本身的伸展程度，引起拉伤。

预防方法：(1) 准备活动量力而行，不要用力过猛。

(2) 注意保持练习场所的温度适宜。

(3) 拉伤后重新锻炼。

2. 韧带损伤

常见部位：多发生踝关节、腕关节、肩关节和膝关节。

原因：受伤部位受暴力打击或重物压迫，迫使关节做过度的外翻或内翻动作。

治疗方法：主要是止痛和加快消肿。局部冷敷，加压包扎，抬高伤肢。

预防方法：(1) 使用支持保护带。

(2) 减少冲撞。

(3) 多做关节练习。

3. 胫腓骨疲劳性骨膜炎

原因：跑跳时间过长，小腿肌肉在胫腓骨的附着点受到过分的牵拉，刺激骨膜引起炎症。

治疗方法：(1) 减少局部负荷。

(2) 局部热敷、按摩，休息时抬高患肢。

(3) 严重者用弹力绷带包扎。

(4) 配合中药外敷、按摩、针灸、理疗等。

预防方法：(1) 严格遵守循序渐进的训练原则。

(2) 合理安排运动负荷，避免突然、连续加大局部的负荷。

(3) 掌握正确的技术动作。

(4) 合理选择和使用场地。

(5) 做好充分的准备活动。

(6) 运动后采取热敷或按摩等方法及时消除局部疲劳。

4. 肌肉痉挛

常见部位：小腿腓肠肌、足底屈拇肌和屈趾肌。

处理方法：(1) 牵引痉挛肌肉。

(2) 点掐或针刺涌泉穴。

(3) 局部按摩、点穴或针刺。

(4) 及时休息。

预防方法：(1) 加强体育锻炼，提高身体适应性。

(2) 做好充分的准备活动，及时补充水分、盐分和维生素 B1。

(3) 疲劳时不进行体育活动。

5. 踝关节扭伤

原因:踝关节的准备活动未充分做好,跑跳时用力过猛,落地姿势不当,地面不平整。

处理方法:停止锻炼,高抬伤肢,12小时内冷敷,24~36小时内需热敷。做恢复性练习。

预防方法:(1)专项准备活动要充分。

(2)加强踝足部肌肉力量训练。

(3)易伤者在运动比赛时使用保护支持带。

6. 出血和晕厥

止血方法:①冰敷;②抬高伤肢;③加压包扎;④加垫屈肢止血;⑤手指直接指压;⑥间接指压。

止血注意点:(1)止血要及时。

(2)止血用具要清洁、干净。

(3)止血时患者需保持冷静、镇定。

(4)止血后用正确的方法将患者送往医务室。

晕厥处理方法:(1)让患者平卧或头稍放低,也可稍垫高双下肢,松解衣服,注意保暖,作双下肢向心脏推摩或揉捏,以加速血液回流。

(2)针刺"人中""百会""涌泉"等穴位促使患者苏醒。

(3)如患者呕吐,将患者头部转向一侧,防止呕吐物堵塞呼吸道。

(4)如患者呼吸、心跳停止,应同时进行人工呼吸及胸外心脏按压。

(5)患者神志不清或呕吐时,均不应进食药物、食物及饮料等。

(6)患者清醒后可饮用含糖热饮料,并继续休息、保暖。